Almudena Grandes

Sieben Frauen

GOLDMANN

Die Originalausgabe erschien unter dem Titel
»Modelos de mujer«
bei Tusquets Editores, Barcelona

Einzig berechtigte Übertragung aus dem Spanischen
von Wanda S. Wild

Umwelthinweis:
Alle bedruckten Materialien dieses Taschenbuches
sind chlorfrei und umweltschonend.

Der Goldmann Verlag
ist ein Unternehmen der Verlagsgruppe Bertelsmann GmbH.

Taschenbuchausgabe 6/99

Umschlaggestaltung: Design Team München
Umschlagfoto: Bavaria/VCL
Satz: deutsch-türkischer fotosatz, Berlin
Druck: Elsnerdruck, Berlin
Verlagsnummer: 44151
JE · Herstellung: Sebastian Strohmaier
Made in Germany
ISBN 3-442-44151-X

1 3 5 7 9 10 8 6 4 2

Die gute Tochter

Für Luis García Montero,
der mir viel mehr als einen Vers geschenkt hat

I

Pünktlich um neun Uhr abends, als ich fand, das Wasser habe exakt den Pegel erreicht, der einen Archimedes herausforderte, drehte ich den Wasserhahn zu und ging zu dem Schränkchen, das mich an schrecklichen Tagen, wie dieser gerade einer gewesen war, zu verspotten schien, denn auf dem Weg dahin verwandelte ich mich in eine typische alte Jungfer, die noch lästiger und entbehrlicher für die Menschheit ist als diese fast vierzigjährigen, schon ewig getrennt lebenden Beamtinnen, die freitags abends zu zweit ausgehen, um sich auf den erstbesten Bekannten zu stürzen und ihn zu fragen, ob er allein einen trinke oder seine Frau mitgebracht habe. Auf drei kleinen, weißen Plastikregalen erwarteten mich neunzehn durchsichtige Glastiegel unterschiedlichster Größe und Form mit verschiedenen Stöpseln und Inhalten: weiße Wattescheibchen, bunte Watteбällchen, Badesalz mit Erdbeer-, Himbeer- und Waldfrüchteduft, Talkum mit Brombeeraroma, winzige parfümierte Seifen, die wie Meeresmuscheln und Früchte und Blüten aussahen, kleine Holzäpfel mit echtem Apfelduft, kleine Holzzitronen mit echtem Zitronenduft, Holzspäne mit original Holzduft, mit einem roten Stimulationsöl gefüllte Herzen aus löslichem Paraffin, mit blauen Beruhigungsölen gefüllte Halbmonde, mit gelbem Stärkungsöl gefüllte Sterne, mit grünem Entspannungsöl gefüllte Kleeblätter, alle hundert Prozent natürlich, so klein, so sauber, so niedlich – besonders so niedlich –, und auf den Etiketten der Hinweis *Wir machen keine Tierversuche*. Auch ich experimentiere nicht, ich habe keinen Mann und keine Kinder, ich habe keine Freunde und keine Arbeit, ich habe nichts Eigenes außer diesem Schrank und der Manie, duftendes Zeugs in Glastiegeln zu sammeln, um diese wieder und immer wieder zurechtzurücken, als koste es mich mein Leben, wenn eines von ihnen sich auch nur einen Millimeter von dem Platz entfernt, den ich ihm zugedacht habe, oder als bräuchte ich gelegentlich schlicht den Glauben, daß mein Leben an irgend etwas hängt ...

Da klingelte es. Ich entschied mich für ein beruhigendes Kleeblatt und ließ es in die Badewanne gleiten. Bevor ich in den Korridor hinausging, sah ich mich im Vorübergehen im Spiegel und erblickte ein mir nicht bewußtes Lächeln. Ich rief mir in Erinnerung, daß ich eine Mutter hatte, und lächelte weiter, aber diesmal bewußt.

Ich traf sie in wachsamer Haltung an, mit steifem Hals, erhobenem Kinn, aufrechtem und die Kissen schmähendem Rücken. Nervös strich sie mit dem Zeigefinger über den Knopf der weißen Bakelitbirne, die sie in der rechten Hand hielt, aber ich konnte mich nicht einmal mehr daran erinnern, vor wie vielen Jahren eine dieser Handbewegungen mich zum letzten Mal beunruhigt hatte, so daß ich sie schon von der Tür aus fragte:

»Was willst du, Mama?«

»Berta, mein Kind ...« Sie machte eine dramatische Pause, eine Zwischenstufe auf der Skala, die ihre Stimme von genau berechnendem Selbstmitleid bis hin zu einer nicht weniger berechnenden Verblüffung durchlaufen würde. »Warum hast du den Bademantel an?«

»Weil ich gerade ein Bad nehmen wollte, Mama.«

»Tut mir leid, mein Kind, das wußte ich nicht.«

»Doch, das wußtest du.« Ich sprach die Worte langsam aus, ohne mich aufzuregen, in einem Tonfall, der die Lippen einer Statue belebt hätte. Auch konnte ich mich nicht mehr daran erinnern, wie viele Jahre vergangen waren, seit ich aufgehört hatte, irgendwelche Härte zu zeigen, und mich statt dessen ganz direkt ausdrückte, eine ebenso nutzlose Taktik. »Ich habe es dir gerade vorhin gesagt, als ich mit meinem Abendessen hochgegangen bin.«

Sie wurde ohnmächtig, wobei sie zuerst träge nach hinten sackte und schließlich darniederlag, was eine Folge von Bewegungen, die ich Hunderte von Malen gesehen hatte, nach sich zog. Zuerst schloß sie die Augen. Dann preßte sie die linke Hand auf die Stirn, als befürchte sie, Fieber zu haben. Zum Schluß seufzte sie.

»Oh!«

Ich fragte nicht, worüber sie klagte, denn ich wußte zur Genüge, daß ihr nichts weh tat. Sich zu beklagen war ihre Art, mir zu zeigen, daß ihr bewußt war, daß ich sie ertappt hatte, und das war ihr ebenso recht.

»Was willst du denn, Mama?« insistierten meine Marmorlippen. »Mein Wasser wird kalt.«

»Mach bitte das Fenster auf, willst du so gut sein, Berta? Mir ist so heiß, ich ersticke, ich kann nicht atmen ...«

»Aber wir haben März! Draußen ist es kalt, ich kann nicht –«

Ihre Schreie machten es mir unmöglich, den Satz zu beenden. »Ich will, daß du das Fenster aufmachst, hörst du? Mach das Fenster auf, mach das Fenster auf, mach das Fenster auf!«

»Mama, du wirst –«

»Nichts!« schrie sie, so launisch und stur wie ein ungezogenes kleines Mädchen. »Nichts! Noch schlechter kann es mir nicht gehen, denn ich ersticke. Ich sterbe, ich sterbe, ich sterbe! Verstehst du das nicht?«

»Mama ...«

Ich verzichtete darauf, den Satz zu beenden, und fand mich damit ab, daß der Abend verloren war, wie ich diesen Tag, viele andere Tage, ganze Jahre an ihrer Seite verloren hatte. Ich öffnete das Fenster und ging wortlos aus dem Zimmer.

Elf Minuten nach neun legte ich mich endlich in die Badewanne, die voll heißen Wassers war, aber schon nicht mehr dampfte. Achtzehn Minuten nach neun klingelte es erneut. Ich stieg aus der Wanne, zog den Bademantel über. Meine Mutter fror, ich schloß das Fenster und lief die Treppe hinunter, als wäre aus dem unterbrochenen Bad eine dringende Notwendigkeit geworden. Dem war auch so, denn mir waren nicht mehr als zehn Minuten darin vergönnt. Als es wieder klingelte, zog ich den Stöpsel heraus und drehte den Heißwasserhahn auf, um die Temperatur zu halten. Als ich den Stöpsel wieder einsteckte, das Wasser aber weiterlaufen ließ, hatte sich das Klingeln in ein Konzert hysterischen Lärms verwandelt, und ich eilte los, um festzustellen, daß meine Mutter erstickte, nicht atmen konnte, am Sterben war. Ich öffnete das Fenster. Trotz meiner Vorsätze kostete es mich in dieser Nacht – das wird die Menstruation sein, dachte ich – Mühe, ruhig zu bleiben. Bei meiner Rückkehr in die Badewanne dampfte das Wasser noch, aber ich freute mich nicht darüber, ich erinnerte mich nicht einmal an Archimedes. Vor Wut weinend zog ich den Bademantel aus, warf ihn gegen den Schrank und ließ mich in das Wasser plumpsen; ich stürzte mich hinein, als wäre es eine Zuflucht, als würden sie mich am Wannenrand erschießen.

Mathematik ist keine Ansichtssache. Mit diesem Satz pflegte ich der Argumentation jener ungeheuer phantasievollen Schüler Einhalt zu gebieten, von denen die besten sich bemühten, sämtlichen Axiomen und Theoremen zu widersprechen und nach eigenen Methoden zu verfahren. Mathematik ist keine Ansichtssache, und jeder in Flüssigkeit getauchte Körper verliert einen Teil seines Gewichts oder erleidet einen Stoß von unten nach oben gemäß dem Flüssigkeitsvolumen, das er verdrängt, so daß der Boden des Badezimmers mit genau dem Volumen der Wassermenge überschwemmt wurde, das mein Körper beim Eintauchen verdrängt hatte. Ich sah dem tatenlos zu und blieb verzweifelt liegen, bis eine weitere Klingelrunde dieser Katastrophenserie ein Ende bereitete. Bei geschlossenem Fenster würde meine Mutter jetzt einschlafen, und ich könnte, nachdem ich die Lachen von den Fliesen aufgewischt hätte, ein paar Stunden lang über meine Zeit verfügen, genug, um mir im Fernsehen einen Film anzusehen.

Archimedes und die volkstümliche Übersetzung seines Prinzips – ein Tropfen bringt das Faß zum Überlaufen – waren schuld, daß ich mich an etwas erinnerte, das im letzten und tiefsten Winkel meines Gedächtnisses die langen und fruchtlosen Jahre meines Lebens als erwachsene Frau überdauert hatte. Ich schauderte vor Sehnsucht und Verwirrung.

»Was tue ich hier?« fragte ich mich leise, in meine Erinnerung vertieft und völlig taub dem Lärm gegenüber, der nach mir verlangte, während ich ganz langsam die Stufen hochging. »Was tue ich hier? Hatte ich nicht vor dreißig Jahren entschieden, die Mutter zu wechseln?«

Piedad war mittelgroß, eher klein und kräftig, ohne jedoch dick zu sein, ein runder Körper mit festem Fleisch, so fest, daß es mir mit meinen kleinen Fingern nie gelang, sie ordentlich und hinterhältig zu kneifen. Sie kniff mich wirklich, aber spielerisch, um mich zu ärgern, und dann gab sie mir einen Kuß, dann hundert, dann tausend Küsse, auf das Haar, auf die Stirn, auf die Wangen, volle Küsse, bei denen sich ihr Mund bis fast an die Schmerzgrenze auf mein Gesicht heftete, schmatzende, knallende Küsse mit geschürzten Lippen, lockere Küsse in Sechserfolge, sieben kurze, flüchtige, warme und süße Küsse – niemand hat mich je so oft geküßt wie Piedad.

Ich weiß, daß sie bei meiner Geburt noch nicht für meine Eltern arbeitete, dennoch habe ich kaum Erinnerungen an meine Kindheit, die nicht mit ihr zusammenhängen. Piedad weckte mich morgens, zog mich an, kämmte mich und bereitete mein Frühstück und das Pausenbrot zu, bevor sie mich zur Schule brachte. Bei Schulschluß am Nachmittag wartete sie am Zaun mit der Vesper auf mich, und wenn sie Zeit hatte, ging sie mit mir im Park spazieren, zog mir später die Uniform aus, band mir ein Schürzchen um und gab mir Buntstifte und ein Heft zum Malen am Küchentisch, während sie fertigbügelte, wobei sie teils auf ihre Arbeit und teils auf den Briefkastenonkel im immer eingeschalteten Radio konzentriert war. Piedad badete mich und aß mit mir Abendbrot, sie hielt mich immer zum Zähneputzen an und schleppte mich ins Bett, setzte sich auf die Bettkante, um mir seltsame Märchen von Schäfern und Schafen zu erzählen, in denen es weder Prinzessinnen noch Mädchen oder Jungen gab, nur Knechte und Mägde, die Brot mit Speck aßen, und in denen die Hexen keine Macht hatten, aber dafür sehr böse und sehr knauserige Frauen waren, die, statt Verwünschungen auszustoßen, die ganze Zeit die Steuern erhöhten, und in denen es keine Feen gab, weshalb die Guten fast immer verloren, aber trotz alledem gefielen mir Piedads Märchen, vielleicht weil mir nie jemand andere erzählt hatte.

Damals nutzten meine Freundinnen und ich jeden Morgen die Pause zum Fangenspielen im Schulhof. Ich erinnere mich nicht an den Namen dieses Spiels, aber an einige Grundregeln, die für jede Mitspielerin bestimmte sichere Orte festlegten; es genügte, diese ausgedachten Verstecke zu erreichen, um sich in Sicherheit zu bringen. Bei Ankunft an irgendeinem dieser Orte – eine Vertiefung unter einem Busch, ein Pfeiler, ein Stück Wand oder eine Zaunlatte – schrien wir immer »Zuhause!«, weniger, um die jeweilige Verfolgerin zu warnen, als vielmehr, um sie aus der Puste zu bringen. Beim »Zuhause!«-Schreien dachte ich immer an Piedad, denn genau das war Piedad für mich, ein Ort, von dem mich kein Feind jemals wegholen konnte, eine weiche und warme Burg wie ein frischgemachtes Bett, ein Mund, der mich immer küßte, Arme, die mich immer umarmen würden, eine Liebesmaschine, die auf Hochtouren lief, immer gleich, ob ich mich schlecht oder gut benahm. Piedad war »Zuhause!«, sie war mein Zuhause, und sie war meine Welt.

Nebenan, auf der anderen Seite des Flurs, wohnte meine Familie.

Das allerletzte Geschenk der Natur, das meine Mutter mit bereits einundvierzig Jahren erfreut angenommen hätte, war eine Schwangerschaft. Dennoch bekam sie in diesem Alter mich, das vierte Kind, genau zu dem Zeitpunkt, als das erste, mein Bruder Alfonso – der in meiner Erinnerung immer ein Herr in blauem Anzug mit Krawatte bleiben wird und manchmal sonntags zum Essen kam –, sein Jurastudium beendete und schon bald zu heiraten beabsichtigte. An meine beiden Schwestern erinnere ich mich besser und genauer, obwohl wir nie zusammen spielten und auch nicht gleichzeitig zur Schule gingen. Cristina ist vierzehn und Cecilia sechzehn Jahre älter als ich. Die beiden heirateten fast gleichzeitig, nur wenige Monate hintereinander, als ich gerade erst zehn Jahre alt war, und beide bestanden hartnäckig darauf, daß ich das

Silbertablett mit dem Brautgeld zum Altar tragen sollte. Ich machte das beide Male sehr gut, ohne zu stolpern und ohne auch nur eine Münze fallen zu lassen.

Hochzeiten, Taufen, Kommunionen, Geburtstage, Beerdigungen, Trauergottesdienste und Feste im allgemeinen waren für mich besonders außergewöhnliche Tage, denn sie unterbrachen meine Alltagsroutine in zweierlei Hinsicht. Einerseits zog ich ein neues Kleid an, ließ mich ordentlicher als gewöhnlich frisieren und mir einen Seitenscheitel ziehen, nahm ergeben an welcher Zeremonie auch immer teil und aß danach in einem Restaurant. Andererseits verhielt ich mich, sorgfältig meinen Vater, meine Mutter und meine Geschwister imitierend, wie ein ordentliches Mitglied dieser Familie, einer Ansammlung freundlicher und im wesentlichen gutmeinender Fremder, die ich höchst selten traf – ein Kuß beim Heimkommen von der Schule, einen weiteren abends vorm Schlafengehen –, während ich die Tage, ohne etwas zu vermissen, mit Piedad in ihrer Küche verbrachte.

In ihrer kleinen Welt – ein Aufenthaltsraum für die Bediensteten, die Küche, ein *Office,* eine Speisekammer, ein Schlafzimmer und ein kleines Bad mit einer Badewanne, deren Ausmaße nur einem Viertel der Fläche anderer Badewannen im Haus entsprachen – verbrachte ich meine Kindheit, so glücklich wie jede andere auch, und die gemütlichsten und aufregendsten Jahre meines Lebens. Piedad liebte mich, sie pflegte mich und sorgte für mich, und immer – vielleicht, weil sie so jung war, nur ein Jahr älter als meine Schwester Cecilia – tat sie es mit Vergnügen, und deshalb hatte ich so viel Spaß mit ihr. Sie konnte auch streng sein, sogar rigoros, wenn sie es für nötig befand, aber kein Vorwurf, nicht einmal ihre barscheste Schelte konnte eine Kerbe in das unendliche Vertrauen schlagen, das ich zu ihr hegte, diese Sicherheit, die mich nach ihr – und nicht nach meiner Mutter –

rufen ließ, wenn ich nachts Alpträume hatte, bis die Erwachsenen meinten, die beste Lösung für die Nachtruhe aller bestünde darin, mich in Piedads Schlafzimmer zu verlegen, die als einzige Hausbewohnerin meine Angst und meine Beklemmung ernst nahm, die einzige, die bereit war, frühmorgens zu mir ins Bett zu schlüpfen und mit zärtlichen Worten die mich quälenden Monstren zu vertreiben.

Ich war mir meiner seltsamen Position in diesem Haushalt immer bewußt gewesen, aber noch bevor ich alt genug war, um mich minderwertiger zu fühlen, weil ich fast ausschließlich die Dienstbotentür benutzte, hatte ich schon eine befriedigende Erklärung gefunden, die meine Welt zusammenfaßte, ohne daß ich auf etwas verzichten mußte. Alle Kinder, die ich kannte – meine Cousins und Cousinen, meine Freunde im Park, meine Schulkameradinnen –, hatten nur eine Mutter, die das auch immer blieb, sich aber je nach Funktion, die sie gerade innehatte, aufspalten konnte in zwei verschiedene Wesen mit unterschiedlichen Namen, in *die Mutter* und *Mama. Die Mutter* war die Autorität, die Señora, die die wichtigen Entscheidungen fällte. Sie zahlte jedes Jahr im September das Schulgeld und unterschrieb im Juni die Zeugnisse, sie kaufte die Schuluniform und die Lesebücher, sie nahm ihre Kinder zu Sonntagsbesuchen mit und kümmerte sich darum, daß die Betten gemacht wurden und jeden Tag warme Mahlzeiten auf dem Tisch standen. Wenn aber ein Kind Fieber hatte, wenn es von der Schaukel gefallen war und sich am Knie verletzt hatte, wenn es weinte, weil seine Spielkameraden nicht mehr mit ihm befreundet sein wollten, wenn es beim Vorbeigehen an einer Konditorei der berühmte Heißhunger nach Schokolade überfiel, wenn sein Lieblingsspielzeug kaputtging oder wenn es einfach Lust hatte, eine Kitzelattacke zu starten, verschwand *die Mutter* augenblicklich, unauffällig und klaglos, um ihren Körper und ihr Gesicht, ihre Hände und ihre Stimme *Mama* zu überlassen, einer Art Hausfee mit genügend Macht, um die Hälfte der Probleme zu lösen und die andere Hälfte viel erträglicher zu machen. Im Leben aller Kinder, die ich kannte, übernahm eine Frau beide Rollen, aber in meinem gab es zwei Frauen: Doña Carmen war *meine Mutter.* Piedad war *Mama.*

Die Tatsache, daß Mama am letzten Tag des Monats von meiner Mutter ihren Lohn kassierte, hatte keinerlei Bedeutung, denn Piedads Anwesenheit war nicht auf die Werktage begrenzt. Meine Tanten, einige Freundinnen der Familie und besonders meine Großmutter väterlicherseits äußerten im ersten Jahr von Piedads Anstellung höchstes Befremden – was im Falle der letzteren offen an Verachtung für ihren Sohn grenzte –, daß Piedad mich schon nach dem ersten gemeinsamen Sommerurlaub in ihr Dorf mitnehmen durfte, einen kleinen Ort bei Segovia, wo ich offensichtlich schon als knapp Fünfjährige großen Spaß daran hatte, die Schafe zu treiben.

»Siehst du?« sagte meine Mutter zu ihrer Schwiegermutter, als ich dick und braungebrannt, eben ausgesprochen gesund aussehend, nach Madrid zurückkehrte. »Den Kindern bekommt das Landleben ausgezeichnet! Unvorstellbar, was hätte ich denn in Javea ohne Bedienstete mit Berta machen sollen, wenn die Mädchen jeden Abend ausgehen und dein Sohn den ganzen Tag nur mit seinem Segelboot beschäftigt ist ... Etwa die ganzen Ferien im Haus hocken?« Solange Piedad ein sittsames Mädchen mit einem Freund blieb, war ich in ihre Donnerstage und Sonntage so einbezogen, wie sie in meine Montage und Dienstage einbezogen war. Wenn sie sich mit ihren Freundinnen in einem Café verabredet hatte, spendierte sie mir Törtchen, damit ich mich anständig verhielt, wenn sie ihre Schwester besuchen ging, ließ sie mich im

Hof mit ihren Neffen und Nichten spielen, wenn wir einkaufen gingen, trug sie mir auf, die Umkleidekabine zu bewachen, damit sie niemand sehen konnte, und danach ließ sie mich hereinkommen und entscheiden, welches Kleid ihr besser stünde. Roque, ihr Freund, arbeitete viel und konnte sie nie besuchen kommen – »Seine Herde ist alles, was er hat, deshalb ist er so gebunden«, entschuldigte sie ihren Verlobten –, aber manchmal kam meine Mutter nachmittags geistesabwesend in die Küche und teilte ihr mit, daß sie das nächste Wochenende frei hätte.

»Der Señor muß am Donnerstag auf eine Geschäftsreise und wird mindestens vier oder fünf Tage wegbleiben, und die Mädchen haben mir gerade gesagt, daß sie am Donnerstag übers Wochenende zu ihrer Großmutter nach Torrelodones fahren, und was Berta und ich schmutzig machen ... Also, wenn du am Samstag zu deiner Familie fahren möchtest ...« In solch einem Augenblick war ich immer unschlüssig, ob ich mich eigenmächtig den »Mädchen« zuordnen und ankündigen sollte, daß auch ich mit nach Torrelodones fahren wollte, oder ob ich den Samstagmorgen abwartete, um mit Piedad in ihr Dorf zu fahren. Stets wählte ich die zweite Möglichkeit, denn meine Großmutter mütterlicherseits – Besitzerin eines wunderschönen Landhauses, in dem, was damals niemand ahnte, so viele Jahre meines Lebens vergehen würden – war gut und liebevoll, aber sie wollte immer nur Scrabble spielen und dabei ständig Worte erfinden, und gegen sie zu verlieren war ziemlich langweilig. Außerdem war Piedad, frisiert und mit den Händen herumfuchtelnd, damit die dunkelrot lackierten Nägel schneller trockneten, immer hocherfreut, wenn mittags meine Mutter mit einer Schicht Lehm im Gesicht – ihre bevorzugte Maske – in der Küche auftauchte, mich ansah und mit der typischen Grimasse derjenigen, die nur höchst betrübt nachgibt, zu mir sagte:

»Willst du mitfahren, Berta? Wenn es Piedad nichts ausmacht ...« Piedad machte es nur einmal etwas aus, weil sie annahm, ich würde irgendeine Kinderkrankheit ausbrüten, und obwohl sie anbot, bei mir zu bleiben, durfte sie nicht. Zur Essenszeit begann meine Haut langsam und unauffällig zu erblühen, kaum sechs oder sieben durchsichtige Pusteln, aber als meine Mutter nachmittags in mein Zimmer kam, um mich aus dem Mittagsschlaf zu wecken, hatten sich die Pusteln über mein ganzes Gesicht, meine Arme und meinen Bauch ausgebreitet: Ich hatte Windpocken. »Kratz dich nicht«, warnte meine Mutter, nachdem sie mir den kleinen Fernseher auf die Kommode gestellt hatte und wieder ins Wohnzimmer gehen wollte, wo sie geheimnisvolle Gäste erwarteten. »Vor allem nicht im Gesicht. Ertrag das Jucken, oder du wirst dein Leben lang Narben haben. Und bleib ja im Bett, das ganz besonders. Ich komme dann wieder, um nach dir zu sehen ...« Windpocken haben einen Vorteil: Man hat sie nur einmal im Leben, und es gab noch andere Wochenenden, um aufs Land zu fahren und Brombeeren zu sammeln, andere Nachmittage am Fluß mit Netzen voller lebendiger Krebse, andere Nächte, in denen man vorm Kaminfeuer dem Schnee ein Schnippchen schlagen konnte, noch viele Prozessionen und Volksfeste, viele sonnige Vormittage, um mit den Mahlzeiten für Roque auf den Berg zu steigen und mit ihm oben auf der Klippe zu essen.

Inzwischen verlor meine Liebe zu Piedad allmählich den Charakter von Verehrung, um sich in einen natürlichen, grundlegenden und absolut untrennbaren Bestandteil meines Lebens zu verwandeln.

»Berta!« Am Morgen ihrer Hochzeit stürzte Cristina mit wutverzerrtem Mund ins Wohnzimmer, das kleine Gerät in der Hand, mit dem sie sich die Beine rasierte. »Wo hast du den Badezimmerhocker hingestellt?« Alle – meine Eltern, meine Geschwister, meine Großeltern, die engen Freunde, die sich bei uns zum Kirchgang eingefunden hatten – sahen mich an und baten mit ihren Blicken um eine schnelle und vernünftige Antwort, weil die Hysterie der Braut selbst die Geduld eines Heiligen überstrapaziert hätte.

»Ich versichere dir, Cristina«, antwortete ich nervös, ohne sonderlich auf die Wortwahl zu achten, »daß ich den Schemel nicht versteckt habe.« »Unglaublich«, sagte der beste Freund meines Vaters, den wir Onkel Armando nannten, obwohl er nicht zur Familie gehörte, »wie gut sich dieses Mädchen ausdrückt!« »Ja«, antwortete Mama, ohne angeben zu wollen, »sie ist sehr belesen …« Das stimmte, aber ich hatte das für die ländliche Grenzgegend zwischen den Provinzen Burgos und Segovia typische Spanisch aus keinem Buch gelernt. Es war schlicht und einfach meine Muttersprache, Piedads Sprache, die exakt zwischen der Aussprache von »Lachs« und »lax« unterschied und scherzte, daß bei mir zu Hause jeden Freitag lässig gegessen würde.

Niemand bemerkte die Wahrheit, vielleicht weil wir damals, als meine Schwestern heirateten, schon mehr als zwei Jahre nur im Sommer ins Dorf fuhren, zwei Jahre, seit Piedad und ich im Kino nicht mehr nebeneinander saßen, nicht mal in derselben Reihe.

2

Als ich sie aus dem Badezimmer kommen und mit einer Inbrunst, die der eher banalen Bewegung einen Anflug von Verzweiflung verlieh, die Hände kneten sah, achtete ich kaum auf die gewaltige Menge Atrix-Creme auf ihren Fingern, Handflächen und Gelenken, obwohl ich schon mehrmals verwirrt an dieser Szene teilgenommen hatte, wenn Piedad mit einer Dose von der Größe einer Familienpackung, die ihr, wenn sie so weitermachte, nicht mal zwei Wochen reichen würde, gegen die Rissigkeit ihrer krebsroten Hände ankämpfte. Viel mehr fesselte mich ihre Mimik.

»Mach nicht so ein Gesicht«, murmelte sie, als sie es bemerkte, ohne mit dem Eincremen innezuhalten. »Ich stell mich nicht sehr geschickt an, ich weiß, ich bin es nicht gewohnt ...«

»Aber was sagst du da, Piedad?« protestierte ich. »Du bist sehr hübsch! Du warst noch nie so hübsch wie jetzt.«

Und ich war ehrlich. Bis dahin hatte ich immer geglaubt, Piedad schminke sich nicht, weil sie es nicht nötig hatte. Obwohl meine Schwestern jünger waren als sie, verließen sie das Haus nie ohne mindestens drei Farben Lidschatten; wir alle, einschließlich meiner Mutter – deren Lebensaufgabe darin bestand, mindestens zehn Jahre jünger auszusehen, als sie war –, waren immer häßlicher als Piedad gewesen. Eleganz, Stil, Klasse, Qualität der Kleidung, der beste Haarschnitt sowie graziöser Gang auf Stöckeln konnten wenig ausrichten gegen die ausdrucksvolle Anmut dieser grünen, feuchtschimmernden Augen mit den goldfarbenen Sprenkeln, die das Licht auffingen, um es nach Belieben wieder zurückzuwerfen, und die im Oval perfekter Proportionen leuchteten, dieser geraden, kleinen Nase, dieser vollen Lippen mit so genau gezeichneten Konturen, daß man denken konnte, sie seien mit dem Lippenstift nachgezogen, gegen dieses makellose Kinn mit seiner kräftigen, aber keineswegs scharfen Wölbung. Piedad hatte es nicht nötig, sich zu schminken, aber geschminkt war sie noch schöner, besonders an diesem Nachmittag, an dem ein rätselhafter Schimmer, den ich nicht zu deuten vermochte, den leuchtenden Spiegel ihres Gesichts überschattete.

Ich hatte sie auch noch nie so nervös gesehen, da war ich mir sicher.

»Du mußt mir versprechen, daß du dich anständig benimmst«, sagte sie im Fahrstuhl zu mir. »Daß du nicht maulst, auch wenn der Film dich langweilt, und bestell entweder Chips oder Popcorn, also, entscheid dich ... Ich bin mit einem Freund verabredet, weißt du? Er geht mit uns ins Kino. Ich möchte, daß du sehr freundlich zu ihm bist, Berta, aber ohne ihn aus der Fassung zu bringen, du weißt schon. Er gefällt mir gut und ... nun ja, es würde mir gefallen, wenn wir uns nicht blamierten.« Ich sah ihn schon durch die Glastür, noch bevor ich Zeit gehabt hatte, etwas zu versprechen; ich erkannte ihn trotz seines grauen, knöchellangen Mantels, der ihn kleiner erscheinen ließ, denn selbst mit viel gutem Willen hätte ich sein volles, borstiges, zu einer Bürste gestutztes Haar oder den ewig traurigen Zug um seinen Mund nicht vergessen können.

Sie stellte ihn mir vor, als hätten wir uns noch nie gesehen, und da wurde mir bewußt, daß sie ihn früher, wenn wir ihn im Dorf getroffen hatten, nie gegrüßt hatte, obwohl sie sich doch zwangsläufig kennen mußten. Eugenio lebte nicht in Montejo, erschien aber zu Ostern dort, und zum Sommerfest pflegte er mit einem Haufen Kindern in einem weißen Wagen zu kommen, mit denen Piedad mich nicht spielen ließ, obwohl sie im gegenüberliegenden Haus wohnten. Jetzt aber nahm sie seinen Arm, um die Straße zu überqueren, und als der Bürgersteig zu eng für uns drei wurde, ließ sie lieber meine Hand los, statt sich von dem grauen Wollärmel zu lösen. In der Kinovorhalle erboten sich beide gleichzeitig, mir etwas zu kaufen, er Chips und sie Popcorn, aber noch bevor ich den Kinosaal mit zwei vollen Tüten in beiden Händen betrat, ahnte ich schon, daß so viel Großzügigkeit gewisse Gegenleistungen forderte, und ich hatte mich nicht getäuscht. Piedad entschied sich für eine der hinteren Reihen und ging entschlossen auf die mittleren Sessel zu. Ich folgte ihr murrend, ohne zu bemerken, daß Eugenio nicht hinter mir herkam, und während ich noch maulte, weil ich so weit weg von der Leinwand saß, schob sich aus der Reihe dahinter eine grobe, sehr große, dunkle, von fünf Trauerrändern gekrönte Hand zwischen Piedads und meinen Kopf, legte sich auf ihren Hals und blieb dort regungslos und ohne irgendeine Zärtlichkeit anzudeuten liegen, und dann ging das Licht aus, und die Wochenschau begann. Nach einer kurzen Pause und einem merkwürdigen Dreiergespräch stand Piedad auf – »Ich bin gleich zurück«, sagte sie –, ging in die Reihe hinter mir und kam erst zurück, als die Lichter wieder angingen.

An den Film, den wir an diesem Nachmittag sahen, erinnere ich mich nicht, aber ich bin mir sicher, daß er mich fesselte und die Geschichte mich in ihren Bann zog, denn ich drehte mich nicht ein einziges Mal um. Nach einigen Monaten verzichtete Piedad sogar auf die düstere Komplizenschaft der Kinosäle und küßte und umarmte Eugenio vor mir auf offener Straße, in den Ausflugslokalen in Dehesa de la Villa, auf den Volksfesten der Außenbezirke, in den vermeintlich luxuriösen Cafés der Preciados-Straße und sogar an der Ecke zu unserem Haus, Conde de Xiquena-Straße/Ecke Barbara de Braganza-Straße, weit weg von dem schmierigen Kino Chueca, das ihnen beim ersten Treffen Zuflucht gewährte. Ich nahm diese Wunder so freundlich auf, wie es ein Paar von einem Adoptivkind erwarten kann, aber in meinem Verhalten überwog das neugierige Kalkül, weniger die zweifelhafte Fähigkeit, gewisse Phänomene zu begreifen, die weit über meinen frühreifen Verstand hinausgingen, wenn denn mein Verstand je frühreif war.

Eine mögliche Heirat Piedads, die in ihrer Freizeit Bettwäsche und Tischdecken bestickte und immer, wenn sie sich mit Roque traf, die Zahlen auf ihrem Sparbuch mit denen ihres Verlobten verglich, hing nicht mehr wie ein Damoklesschwert über meiner Zukunft. Denn Piedad dachte nicht mehr daran zu heiraten. Das war Eugenio zu verdanken, ebenso wie die Euphorie in den ersten Monaten, diese Art Verrücktheit, die wie ein entfesseltes Auflodern von Glückseligkeit war, ein fiebriges Feuer, goldener Rauschhaftigkeit ähnlich, von der in alten Büchern erzählt wird, die ich nie erfahren habe außer an ihr, durch sie, denn Piedad leuchtete, erhellte die Welt, sie schwebte auf einer Wolke, die ihre Füße vor Staub bewahrten, und sie lachte, sie lachte grundlos, und mitten im Lachen begann sie zu weinen, und wenn ich sie ansah, wirkte sie wie ein kleines Mädchen, kleiner als ich, aber bedachter, und gleichzeitig wie eine riesige, unerreichbare Frau, erhaben wie eine Statue, seltsam und einzigartig wie eine Göttin, denn sie war alle Frauen auf einmal, alle Frauen lebten in ihr, und dieser Planet war nur für Piedad entstanden, erschaffen und gewachsen, damit Piedad fühlen konnte, damit Piedad lieben konnte. Ich lebte diese Liebe wie meine eigene Leidenschaft, ich verfolgte sie ganz genau, mit wachsamen, gierigen Augen, noch ohne Worte, um es mir zu erklären, aber ich lernte die Texte von zig Boleros, Bestätigungen der totalen Liebe, Klagen der tödlichen Liebe, Wehklagen der verratenen Liebe, *Ich weiß nicht, ob es die ewige Liebe gibt,* sangen wir, *aber hier wie dort wirst du mein Aroma im Mund bewahren …*

Dann verlor Piedad die Lust am Singen und murmelte halblaut diesen schrecklichen Satz vor sich hin: »Dieser Mann wird mein Ruin sein«, und sie sagte ihn nicht einmal, sondern wiederholt und schnell, wie zu sich selbst, wie ein Gebet: »Dieser Mann wird mein Ruin sein, dieser Mann wird mein Ruin sein!« Es machte mir angst, wenn ich sie so reden hörte, und es machte mir angst, zu sehen, wie schnell sie sich veränderte, denn sie blieb zwar diese andere Frau, so ganz anders als andere Frauen, die ich kannte; sie war immer noch sehr hübsch, aber ihre Wangen färbten sich anders, eher dunkelrot, fast violett, und sie lachte und weinte nicht mehr abwechselnd, statt dessen saß sie lange bewegungslos in einem Sessel, mit starr auf die Wand gerichteten Augen und zusammengepreßten Lippen, ganz allein, auch wenn sie mit mir zusammen war, und gelegentlich hatte sie wieder ihre verrückten Momente, im positiven Sinne, so verrückt wie früher, später jedoch bemächtigte sich ihrer eine neue Verrücktheit, eine verwirrende und gefährliche, eine zornige und herablassende Verrücktheit, wie ein Vorzeichen der Verzweiflung, und sie verbrachte die Sonntagvormittage im Bett, meine Mutter beschwerte sich, weil sie nicht mehr so gut wie zuvor arbeitete, und ich konnte sie nicht beschützen, weil ich sie nicht verstand, ich begriff nicht, warum sie sich so plötzlich veränderte. Dann kam der Augenblick, in dem sie in ihrem Eigensinn und in ihrer Trauer erstarrte, und es geschah nichts mehr, nur die Zeit verging, und ich wurde zehn Jahre alt und dann elf, und Piedad begann, mich zu Hause zu lassen, wenn sie sich mit Eugenio verabredete, obwohl sie ihn weniger traf als früher. In unserem Leben stellte sich eine gewisse Routine ein, bis sie entschied, sich von ihm zu trennen, und da entdeckte ich, daß alles noch viel schlimmer sein konnte.

»Das hätte ich schon vor Jahren tun sollen«, sagte sie, als sie nach Hause kam und ich ihr beim Zubereiten des Abendessens half, »statt soviel Zeit zu verschwenden, denn so kann man nicht leben, wie ich gelebt habe. Du verstehst das, Berta, nicht wahr?« In dem Moment schien sie ziemlich ruhig, so gelassen wie ihre Stimme. Sie lächelte.

»Natürlich, Piedad«, antwortete ich, obwohl ich spürte, daß sie diese Frage gestellt hatte, um zu reden, und nicht, weil sie meine Meinung wirklich interessierte. »Das hast du richtig gemacht.«

»Ja, das glaube ich auch«, bestätigte sie. »Es gab keinen anderen Weg, es gab keine andere ... anderen ...«

Sie hielt inne, aber ich war sicher, daß sie diese Pause aus keinem anderen Grund machte, als um die richtigen Worte zu suchen; deshalb sah ich nicht von dem Salat auf, den ich gerade zupfte, bis ich bemerkte, daß sie nach vorne gekippt war. Der Kopf hing nach unten, das Haar baumelte glatt, wie tot in der Luft, die Arme waren um den Bauch gekrampft und unterstrichen die plötzliche Deformierung ihres Körpers. Ich warf mich auf sie, konnte sie aber nicht aufrichten, ich faßte ihr unters Kinn und wollte sie zwingen, den Kopf zu heben, aber ihr Gesichtsausdruck war derart schmerzerfüllt – die Stirn gerunzelt, die Lider verkrampft, der Mund verzerrt, als hätte die Hand eines Gottes oder eines Teufels ihr die Haut zusammengepreßt, um alle ihre Züge in der Mitte zu vereinigen –, und ihre Schluchzer waren so erstickt, als würden sie ihr beim Hervorbrechen die Kehle zerschrammen. Ich war überzeugt, daß Piedad einen Anfall hatte, einen Herzinfarkt, eine Kolik oder etwas Ähnliches, aber als ich in der Absicht, meine Mutter zu alarmieren, aus der Küche laufen wollte, kam sie mir hinterher.

»Laß es sein, Berta«, sagte sie und hielt mich an den Schultern fest. »Keine Bange, es ist nichts ...«

Und dennoch war es alles. Der Schmerz, die Verzweiflung, eine vorgespiegelte Gleichgültigkeit, der lebendige Tod, Etappen einer chronischen Krankheit, ein unheilbares Virus, eine zeitweilig aussetzende, aber tödliche Infektion. Die erste Phase verging schnell, dann wurde es noch schlimmer, denn Erbrechen und Migräne, Schlaflosigkeit und Appetitlosigkeit waren wesentlich erträglicher als Apathie und Schweigen oder die Trägheit, mit der Piedad die Füße nachschleppte, als würde das Heben der Füße schon übermenschliche und unerträgliche Anstrengung bedeuten. Ich litt mit ihr, denn ich hatte mich schon vor vielen Jahren entschieden, und mein Schicksal war an das Überleben dieses Gespenstes mit viel festeren Bändern als denen des Blutes geknüpft, sollte es denn solche Bänder geben. Ich wollte Piedad lieben, ich hatte sie mir ausgesucht, ich hatte sie adoptiert, hatte meinen ganzen Glauben in sie gesetzt, all mein Lachen, alle meine Küsse, es gab kein Zurück, ich wollte es auch gar nicht. Im Gegenteil, ich nahm mir vor, sie zu lieben wie nie zuvor; ich versuchte, sie abzulenken, sie aus dem Haus zu locken, sie mit Klatsch und mit Witzen zu bombardieren, mit wahren und erfundenen Geschichten, aber ich erreichte gar nichts, ich war unfähig, sie auch nur einen Millimeter aus dem Sumpf zu ziehen, in dem sie langsam versank. Als sie schon fast verloren war, sah sie mich eines Sonntags abwaschen, und dieser Anblick rüttelte sie endlich auf.

»Stell augenblicklich das Glas weg, Berta!« Sie schrie fast und erhob sich aus dem Sessel, von dem aus sie fernzusehen vorgegeben hatte.

»Aber es macht mir nichts aus, den Abwasch zu machen«, protestierte ich wenig überzeugend.

»Aber mir macht es was aus, wenn du abwäschst«, erwiderte sie. »Du bist noch ein Kind, und Kinder dürfen nicht arbeiten. Außerdem ist das meine Aufgabe, nicht deine. So weit ist es also schon gekommen …« Sie machte sich mit einer Energie, die sie seit Monaten nicht aufgebracht hatte, über das Geschirr her und murmelte halblaut vor sich hin: »Das kann doch nicht sein, mein Gott, das kann nicht sein. Das ist alles Wahnsinn …«

Seit diesem Nachmittag bemühte sich Piedad, ihre frühere Effizienz wiederzuerlangen, über die sich die Freundinnen meiner Mutter so wunderten, bevor sie mit Eugenio auszugehen begonnen hatte, doch die mechanische Präzision all ihrer Handbewegungen, die Härte ihres Gesichts und ihr Schweigen enthüllten nach einer scheinbaren Wiederherstellung bald die Geburt einer anderen Piedad, einer gleichgültigen und kalten Sprechpuppe, die mir noch weniger gefiel als die verzweifelte, aber wenigstens noch lebendige Frau, die sie vorher gewesen war. Deshalb freute ich mich so, als ich an einem Frühlingsnachmittag vor der Schule Eugenio traf. Ich war schon zwölf Jahre alt und pflegte alleine nach Hause zu gehen, aber manchmal kam mich Piedad noch abholen, wenn sie im Viertel Besorgungen zu erledigen hatte. Ich hielt nach ihr Ausschau, bis mir auffiel, daß ihr Verlobter einen Blaumann trug, was mich daran erinnerte, daß ich ihn darin nie an ihrer Seite gesehen hatte.

»Hallo«, sagte ich und gab ihm einen Kuß auf die Wange. »Was machst du hier?«

»Ich wollte dich treffen«, antwortete er leise und zögerlich, als würde er jedes Wort bereuen. »Piedad ...?«

»Nein, sie kommt mich nicht abholen, ich bin schon groß.«

»Natürlich ...«

Wir standen wortlos mitten auf dem Bürgersteig, und ich betrachtete ihn neugierig. Er schaute auf seine Schuhspitzen hinab und drehte unschlüssig ein Zettelchen in seinen Händen hin und her. So ließen wir vier oder fünf oder vielleicht mehr Minuten verstreichen; nie wieder habe ich solch ein finsteres Gesicht gesehen.

»Also, Eugenio«, brach ich das Schweigen im gewöhnlichsten Tonfall, den ich hervorbrachte, denn ich konnte nicht mein Leben lang darauf warten, daß er etwas sagte. »Ich muß jetzt nach Hause.«

»Nein, warte ...«

Er machte eine weitere Pause, als müßte er durchatmen, bevor er sich entschied.

»Nimm!« Mit einer brüsken und zugleich feierlichen Geste – die mich an den Pfarrer bei der Messe erinnerte, wenn er die geweihte Hostie hochhält – hielt er mir das Zettelchen mit beiden Händen entgegen. »Das ist für Piedad. Ich habe es aus einem Kalender abgeschrieben.«

Das Blatt war aus einem karierten Block herausgerissen, aus einem von denen, die am oberen Rand eine Spirale haben, und es war nur einseitig mit blauem Kugelschreiber beschrieben, in der runden und schwerfälligen Schrift eines Automechanikers, der kaum ein paar Zahlen zu schreiben gewohnt ist, und dennoch, der Ausdruck seiner feuchten Augen, das Zittern seiner ausgestreckten Hände und besonders die Farbe seiner Wangen, ein unvorstellbares Erröten bei einem erwachsenen Mann, überzeugten mich davon, daß diese Nachricht sehr wichtig für ihn war. Während ich sie zusammengefaltet in meine Tasche steckte, fragte ich mich, ob Eugenio wußte, daß Piedad nie lesen gelernt hatte, aber als ich mich von ihm verabschiedete, begriff ich, daß dies keinerlei Bedeutung hatte.

»Wiedersehen, Berta«, murmelte er, und als ich schon ein paar Schritte entfernt war, fügte er, ohne sich von der Stelle bewegt zu haben, hinzu: »Und sag ihr, daß ich sterbe.«

Ich begann laut zu lesen, ohne genau zu verstehen, warum ich so nervös wurde, *Wenn ich an dein Leben denke und an meins,* das zerknitterte und schmutzige Papier voller schwarzer Ölflecken flatterte in meinen Fingern, und meine Stimme klang, als wolle sie bei jeder Silbe versagen, *huschen Schatten über meine Haut,* während mich Piedad, an die Spüle gelehnt, nicht aus den Augen ließ, *und eine Stimme flüstert mir ins Ohr:,* sich ihrer selbst und ihrer Verachtung noch sicher, *Laß sie gehen, du kannst sie nicht lieben;* das war der erste Schlag, und sie parierte ihn, indem sie die Augen schloß und die Fäuste ballte, während ich weiterlas, ohne zwischen den Strophen eine Pause einzulegen, *Ich gebe ihr recht;* ihre Fäuste schlugen gegen die Schranktür, hinter der sich der Abfalleimer befand; anfangs waren es kaum wahrnehmbare, schwache Schläge, *aber ich kann die Wahrheit nicht verschweigen,* die heftiger wurden, bis sie wirklich zornig klangen, *und eine andere, dunklere Stimme sagt mir:* in dem Moment bereute ich es, Eugenio nachgegeben zu haben, denn Piedad zerschlug sich die Knöchel, *Du wirst sie nie vergessen können;* ich konnte nichts anderes als Haß in ihren geschlossenen Augen entdecken, Haß auf ihren verzerrten Lippen, Haß in ihrem Gesicht, in ihrer Haltung, sie war ein einziges Bild des Hasses, obwohl sich wie zufällig ein paar Tränen aus ihren Wimpern lösten, *Ich kenne die Berge ohne Schnee nicht;* sie begann zu flüstern: Hurensohn, Hurensohn, Hurensohn, *Ich verstehe den Winter im April nicht,* aber der Klang ihrer Flüche täuschte mich nicht, denn Piedad weinte inzwischen, sie weinte so sehr, als wollte sie für immer austrocknen, sich völlig entleeren, neugeboren werden, *Ohne Poesie ertrage ich die Nacht nicht,* und die Rührung befreite ihre Hände vom Zwang zur Gewalt, sie ließ ihr Gesicht erstrahlen, als wäre ein geheimnisvolles Licht verstohlen in ihrer Kehle emporgestiegen, und die Härchen auf ihren Armen sträubten sich, und ihre Seele sträubte sich, und im Vorgeschmack meiner eigenen salzigen und dicken Tränen las ich aufschluchzend den letzten Vers: *Ich kann mir ein Leben ohne dich nicht vorstellen.*

Nachdem sich ihr und mein Weinen erschöpft hatten, fragte mich Piedad mit weit geöffneten Augen und auf die heißen Wangen gepreßten Fingern das einzige, was ich nicht bedacht hatte:

»Hat er das geschrieben?«

Ich senkte den Kopf, als müßte ich den Zettel genauer studieren, bevor ich antwortete, und konzentrierte meinen Blick auf die letzte Zeile, diesen langen Namen, der wie ein weiterer Vers wirkte.

»Natürlich«, antwortete ich, und das war noch keine Lüge. »Wer sollte es denn sonst geschrieben haben?«

»Ich meine, ob er die Verse selbst gedichtet hat oder jemand anderes.«

Ich senkte meinen Blick wieder auf diese ungelenke Schrift mit den kindlichen Zügen – vier kleine Quadrate für jeden Kreis, vier für jeden Strich – und auf diesen richtig geschriebenen Namen, Bécquer, mit einem c vor dem q und sogar mit Akzent, einem winzigen starren Strich auf dem ersten e, und ich empfand für Eugenio dieselbe diffuse Zärtlichkeit, die ich für ein Baby empfunden hätte, für ein Kind, für ein hilfloses, verdammtes Wesen, für jede glücklose Kreatur.

»Er hat mich gebeten, dir zu sagen, daß er stirbt.« Ich sah ihr ins Gesicht. »Und ich glaube, das ist wahr.« »Und ich?« fragte sie. »Sterbe ich nicht? Es ist seine Schuld, nur seine, wenn er eine andere geheiratet hat ...«

Die letzten Worte erstarben auf ihren Lippen, als ob sie gleich wieder anfangen würde zu weinen. Ich sagte mir, daß Piedad nicht lesen konnte, daß sie diesen langen Namen nie von den anderen Zeilen würde unterscheiden können, und mit dem Gedicht war es genauso, es waren nur ein paar wichtige Verse für sie, und diese kannte sie schon auswendig und würde sie nie wieder vergessen.

»Hier steht nichts weiter«, sagte ich und überging ihre letzte Frage. »Da steht nichts drunter.«

»Im Ernst?« Ihre Stimme zitterte noch.

»Ja.« Meine hingegen blieb fest. »Ich bin sicher, daß die Verse von ihm sind.«

Endlich lächelte sie, und ich bereute es nicht, gelogen zu haben, weil niemand auf der Welt Poesie nötiger hatte als Piedad, um diese Nacht zu ertragen.

Piedad hat mir meine Täuschung nie vorgeworfen – Eugenio hatte wohl irgendwann nach der Versöhnung den Betrug mit dem Gedicht zugegeben –, aber die Prophezeiung, die sie so viele Jahre lang Tag für Tag halblaut beschworen hatte, erfüllte sich trotzdem, denn dieser Mann war wirklich ihr Ruin, und er war auch meiner, bis wir nichts mehr hatten, was wir das unsrige nennen konnten.

»Du ...! He du, Mädchen! Warte mal ...«

Ich hatte diese Stimme noch nie zuvor gehört, doch noch heute träume ich manchmal von ihr.

Piedad hatte mich losgeschickt, weil sie kein Paniermehl für die halbfertigen Russischen Filets mehr hatte, und ich lief, so schnell ich konnte, nicht so sehr aus Angst, ich könnte das Lädchen in der Barquillo-Straße verschlossen vorfinden, das normalerweise bis Einbruch der Dunkelheit offen hatte, sondern weil ich untröstlich gewesen wäre, wenn ich den Schluß der Folge von *Der Graf von Monte Christo* versäumt hätte, von der ich mich hatte losreißen müssen, als man gerade den alten Gefangenen mit dem weißen Bart kommen sah, der Edmond irgendein fürchterliches Geheimnis enthüllen wollte. Deshalb blieb ich nicht stehen, drehte mich nicht mal um und dachte mir, daß diese unbekannte Stimme nicht mir gelten konnte, aber die Person holte mich ein, packte mich keuchend am Arm und zwang mich, mich umzudrehen, und ich sah eine schwarzgekleidete Alte vor mir, die mich böse, mit dem Gesicht einer Hexe, dem Gesicht einer Verrückten, anblickte.

»Weißt du, Mädchen, daß deine Mutter eine Hure ist?«

Ich blieb wie angewurzelt stehen. Ein paar Sekunden hielt ich den Atem an, sah nichts und hörte nichts, als wäre ich in einer Hülle der Unwirklichkeit eingesperrt. Dann spürte ich den Druck ihrer Finger, die mir weh taten.

»Lassen Sie mich in Ruhe!« schrie ich und versuchte zu entkommen, aber sie hielt mich noch fester. »Eine Hure, deine Mutter, das ist sie, eine verdammte Nutte und eine Puffmutter, und sie wird sterben, und du bleibst allein, so allein, wie meine Tochter jetzt ist ...«

Ich warf sie mit einem Tritt zu Boden und lief los. Als ich in dem Laden ankam, bat ich um ein Päckchen Paniermehl, als wäre nichts geschehen. Der Verkäufer kannte mich von klein auf und diskutierte gerade mit seiner Frau die Einzelheiten der Flucht des Grafen von Monte Christo, als hätten auch sie beide aus dem Gefängnis fliehen müssen. Ich fragte sie, ob es sie störte, wenn ich noch ein Weilchen bliebe, um das Ende zu sehen; ich wollte Zeit gewinnen, denn ich befürchtete, daß diese Hexe mir auf dem Heimweg nochmals auflauern würde. Ich sah fern – ein kleiner tragbarer Fernseher inmitten vieler Dosen –, ohne darauf zu achten, was ich sah, denn Edmonds Schicksal hatte plötzlich jegliche Bedeutung für mich verloren, und als ich mich in der Werbepause verabschiedete, spürte ich, daß es eine andere Person war, die Auf Wiedersehen und Vielen Dank sagte.

Als ich nach Hause kam, schimpfte Piedad wegen der Verspätung mit mir. »Du weißt doch, daß ich mir große Sorgen mache, wenn du zu spät kommst«, sagte sie, aber ich erwiderte nichts, denn hätte ich den Mund aufgemacht, wäre ich in Tränen ausgebrochen. Jedenfalls weinte ich später, ich schloß mich zum Weinen ins Badezimmer ein, aber das Entsetzen verschwand nicht, und in dieser Nacht träumte ich von der Stimme der Frau: »Weißt du, Mädchen, daß deine Mutter eine Hure ist?« Ich wachte noch erschreckter auf, würgte vor Wut und Scham, die mich innerlich versengten, aber vor allem haßte ich diese böse, grausame und erbärmliche Alte, doch ich sagte nichts, zu niemandem, nicht ein Wort. Ich spürte, daß das Reden darüber alles nur noch schlimmer machen würde.

Von Anfang an, seit sie mir diese Einsamkeit gewünscht hatte, die mich nun schon so lange begleitet, ahnte ich, daß sie von Piedad sprach, nicht von meiner Mutter. Und ich ahnte auch, daß sie sich geirrt haben mußte. Ich kannte die Schwiegermutter dieses Freundes der Familie, den wir Onkel Armando nannten, nicht, seine Frau aber schon, die ganz sicher Tochter einer Dame wie meine Großmutter war, elegant, gut erzogen, unfähig, sich mit einem Mädchen auf der Straße anzulegen. Aber das allein hätte meinen Verdacht nicht erhärtet, wäre ich nicht aufgestanden in jener Samstagnacht. Ich hatte genug vom Fieber und vom Jucken, war entschlossen, den Windpocken zu trotzen, und ich stand auf, um ins Bad zu gehen, nur um etwas zu tun, um dem Bett zu entrinnen, zwei Schritte nacheinander zu tun, da hörte ich das typische Lachen meiner Mutter, ein leises, kurzes und knisterndes Auflachen, das künstlich wirkte, und ich schlich zum Wohnzimmer, um heimlich einen Blick hineinzuwerfen. Sie saß auf der Lehne des Sessels, in dem er saß, beide hatten ein volles Glas Whisky in der Hand, das sie gleichzeitig bewegten; die Eiswürfel klirrten, und die geflüsterte Unterhaltung schien aus einem Theaterstück zu stammen. Armandos Hand ruhte auf dem Schenkel meiner Mutter; sie beugte sich gelegentlich zu ihm hinab und küßte ihn zart auf den Mund, und der Druck seiner Finger verstärkte sich gehorsam ... Als sie den Plattenspieler einschalteten, wachte ich auf, denn ich war im Stehen an die Wand gelehnt eingeschlafen. Die beiden tanzten mit geschlossenen Augen.

Im Versuch, diese Erinnerung zu vertreiben, zählte ich schwache, willkürliche Argumente auf. Gleichzeitig war ich mir nicht einmal bewußt, wie gleichgültig mir das Schicksal meiner eigenen Mutter war, so erschütternd weit weg war sie von meinem wirklichen Leben wie die Kleider, die sie mir morgens anzog. Sie pflegte zu sagen, daß Kinder niemals grausam seien, sondern aufrichtig, genau wie die Sonne, und was mich anbelangte, hatte sie zumindest recht. Ich wünschte ihr nichts Böses, aber auch nichts besonders Gutes, denn ich brauchte sie nicht, und wäre ihr Tod nötig gewesen, um Piedad glücklich zu machen, hätte ich ohne zu zögern das Urteil unterschrieben. Piedad hatte für mich gelebt, bis mich die Herrschaft ihrer Liebe für immer fortgerissen hatte, und sie war im Begriff, Eugenio mitzureißen. Neben ihr war meine Mutter eine harmlose Schauspielerin, die in einer heiteren Verwechslungskomödie eine Rolle spielte, die zu groß für sie war.

Ich hatte nicht genug Zeit, um über all das nachzudenken, weil die Situation sehr bald eskalierte, kaum zwei Monate nach dem Angriff jener Frau, auf die ich ein zweites und letztes Mal bei uns zu Hause in der Vorhalle traf, als ich aus der Schule kam und Piedad schon für immer mit Eugenio weggegangen war.

»Das ist also Ihre kleine Tochter …«, sagte sie und wollte mir übers Haar streichen.

Ich wich der Zärtlichkeit mit einer unerwartet groben Bewegung, einem törichten Tanzschritt, fast wie ein Sprung, rechtzeitig aus und trotzte meiner Mutter, die nervös mit der Türklinke spielte, wie sie es immer tat, wenn sich ein Besuch länger hinzog, als sie erwartet hatte.

»Wo ist denn Piedad?«

Meine Mutter hob für ihre Lüge die Stimme. »Piedad arbeitet nicht mehr bei uns. Ich habe sie heute morgen entlassen.«

Ich rannte durch den Korridor zu unserem gemeinsamen Zimmer, sagte mir, daß ich ganz schnell handeln müßte, und durchsuchte den Schrank, das Nachttischchen, das Regal, von dem alle ihre Sachen verschwunden waren; ich hob die Matratze hoch, öffnete die Schubladen, warf mich auf den Boden, um unter die Betten zu schauen; ich wußte nicht, was ich suchte, und fand auch nichts, was einmal ihr gehört hatte. Nichts, außer mir selbst.

3

Fünfundzwanzig Jahre später zeigte mir der Badezimmerspiegel die vertraute Spur zweier winziger Wunden, ganz kleine Narben, die für immer auf meiner linken Wange bleiben würden, während ich nach innen blickte und sorgfältig die Ränder einer Wunde überprüfte, die sich ebensowenig schließen würde, wie die Windpockennarben nie mehr verschwinden würden. Seit ich Piedad verloren hatte, hatte das Leben mir keine Chance mehr gegeben, mich zu beweisen, deshalb kannte ich mich sowohl von innen als auch von außen sehr gut, und dennoch verharrte ich lange Zeit vor dem Spiegel, betrachtete mein Gesicht mit seltsamer Aufmerksamkeit, als könnte ich darin eine bevorstehende Umwälzung meines so bescheidenen, so stillen Schicksals lesen, die sich mir nie zuvor gezeigt und mich zum Kräftemessen eingeladen hatte. Aber dem war nicht so. Als ich gewahr wurde, daß meine Füße in der kalten Wasserpfütze taub wurden, und nach einem Blick auf meine Armbanduhr erschrocken festgestellt hatte, wie spät es schon war, kehrte ich schlagartig in die Wirklichkeit zurück und setzte mich mit einer Energie in Bewegung, über die ich gar nicht zu verfügen geglaubt hatte. Ich wischte den Boden auf, leerte die Badewanne, hängte die Handtücher auf, zog den Pyjama an und machte den üblichen nächtlichen Rundgang, um mich zu vergewissern, daß alle Schlösser verriegelt, alle Lichter aus und der Gashahn zugedreht waren, und war noch immer dieselbe Berta, die Frau von früher, ausgesprochen stark, ausgesprochen gut und großzügig und verantwortungsvoll und ernsthaft und tüchtig, die gute Tochter.

Als ich mich dann im Bett hin- und herwälzte und nicht einschlafen konnte, gefangen in einer Art notwendiger, produktiver Schlaflosigkeit, die so ganz anders war als die verzweifelte Beklemmung vor dem Einschlafen in früheren Nächten, ordnete ich meine Lebenskapitel neu, nach einem anderen Blickwinkel, nach jenem Sonntagmorgen. Es war unmöglich, das Datum genau zu bestimmen, mich daran zu erinnern, ob es kalt oder warm war, oder die Szene, die Personen, ihre Kleidung und die Farben zu rekonstruieren, aber es war ein Sonntag vor annähernd dreißig Jahren, ich war sehr früh aufgestanden, um mit Piedad für das Frühstück Churros holen zu gehen. Sie hatte das Haus wie jede Woche mit zwei verschiedenen Geldbeuteln verlassen und hatte wie immer, wenn sie an der Reihe war, einen halben Ring Schmalzgebäck und zwei Dutzend Churros sowie drei große Churros extra verlangt; das große Paket hatte sie aus dem Geldbeutel mit dem Geld meiner Eltern bezahlt und das kleine von ihrem eigenen Geld, und die drei einzelnen Churros aßen wir zusammen auf dem Heimweg, wie immer ich zwei und sie nur eins. Damals kam mir der Verdacht, Piedad sei vielleicht meine Mutter und ich ihre echte Tochter, denn es war sie, die mir die Churros kaufte, die mir am besten schmeckten, mit goldgelber und heißer Kruste, die sich in meinem Mund aufzulösen schien und danach bei jedem Bissen knirschte, ganz anders als die schon kalten und zusammengeschrumpften Churros, die die anderen eine halbe Stunde später zum Frühstück aßen, und aus demselben Geldbeutel stammten die kleinen täglichen Geschenke, Kaugummi, Sammelbildchen, Comics, Bonbons oder diese gedrehten Lakritzstangen, die ich so mochte. Weder meine Eltern noch meine Geschwister hätten gewußt, welche meine bevorzugten Süßigkeiten waren, aber Piedad wußte es und kaufte sie mir von ihrem Geld, und in manchen Märchen, die sie mir erzählt hatte, war es vorgekommen, daß reiche, aber alte Herrschaften irgendeinen armen Schäfersohn wie den eigenen aufzogen und es später bereuten oder auch nicht, sich aber immer um das Kind kümmerten, auch wenn es aus der Distanz war, und vielleicht war mein Fall nicht sehr anders ... Als meine Mutter ins Eßzimmer kam, ging ich zu ihr und begrüßte sie feierlich mit den Worten: »Guten Tag, Doña Carmen«, und alle lachten.

Hätte ich mich nicht genau in dem Augenblick, als der letzte Tropfen das Faß zum Überlaufen brachte, an diese offensichtlich triviale, fast kindische Episode erinnert, hätte sich mein Leben vielleicht nie verändert, denn mein erwachsener Geist, beherrscht von der unerbittlichen, fast verbissenen Logik einer zwangsweise arbeitslosen Mathematikerin, war nicht mehr zu bremsen, und die Gedanken reihten sich mit jener Geschwindigkeit aneinander, die ich selbst immer als schädlich für vernünftiges Nachdenken angesehen hatte. Trotzdem baute jede Schlußfolgerung auf einer fehlerfreien Prämisse für neue Verknüpfungen auf, und ich konnte mich des Eindrucks nicht erwehren, daß, könnte ich meine Vergangenheit in Zahlen ausdrücken, jetzt alle Ergebnisse richtig, exakt und zusammenhängend waren. Vorher hatte ich nie über meine Leidenschaft für große Badewannen nachgedacht, daß sich dieser unschuldige Reflex einer Kindheit, in der Tausende von Nachmittagen mit ungemütlichen Waschzeremonien verbracht worden waren – zuerst saß ich auf einer Art Bank, die fast die Hälfte der Wanne einnahm, und mir wurde erst das eine Bein und dann das andere gewaschen, anschließend mußte ich aufstehen, damit Piedad mir den Körper einseifen und ihn dann auf unmögliche Art abspülen konnte, indem sie das Wasser, das mir gerade bis zu den Knien reichte, mit einer Hand nach oben schöpfte –, auch aus entgegengesetzter Perspektive interpretieren ließ als der, die mein Gedächtnis vorgab.

Ich nannte meine Mutter eine ganze Zeit, vielleicht drei Monate lang, Doña Carmen; dem Gelächter folgte Lächeln und dann Gleichgültigkeit, bis es mich langweilte, keinen einzigen Tadel, keine Frage, keinen Kommentar erzielt zu haben, und eines Tages vergaß ich es und bemerkte auch keinerlei Anzeichen dafür, daß meine Rückkehr zur Normalität begrüßt wurde, vielleicht, weil keinem je in den Sinn gekommen war, daß ich vorgehabt hatte, meine Familie zu verlassen.

Diese Erinnerung ging in meinem Gehirn wie ein Hefeteig auf, entwickelte sich unaufhaltsam vom Verdacht bis zur Gewißheit, um noch weiter zu wachsen, bis sie die Grenzen jeglicher Form und meines eigenen Lebens überschritten hatte und jede Einzelheit einen anderen Sinn bekam. Erst jetzt wurde mir bewußt, daß Piedads Weggang alles verändert hatte, ohne daß sich in Wirklichkeit etwas änderte, denn ihre Abwesenheit, die die kleine Welt meiner Kindheit vollständig einnahm, war von keiner anderen Gegenwart ersetzt worden. Ich war größer geworden, ich hatte weitergelebt und war im Begriff, alt zu werden, immer unter dem Vorzeichen dieser Abwesenheit, die vielleicht verantwortlich dafür war, daß mein Erwachsenenleben nicht bedeutender – oder vielleicht sogar geringfügiger – geworden war als der Wirkungsbereich, in dem ich meine Kindheit verbracht hatte.

Als der Wecker schließlich klingelte, hüpfte ich, überraschend energiegeladen für jemand, der eine schlaflose Nacht verbracht hat, aus dem Bett und spielte meine Rolle wie jeden Morgen, ohne etwas auszulassen, rauchte nach dem Frühstück nicht mehr Zigaretten als sonst, aber als die gewohnte Stunde zum Wecken der Kranken näher rückte, spürte ich, wie die Ameisen in meinem Bauch sich frenetisch vermehrten und schließlich auch den letzten Winkel meiner Eingeweide bevölkerten. Ich ging ganz langsam die Treppe hinauf, als würde sich bei der Berührung mit meinen Füßen jede Stufe in Etappen eines unendlich steilen und unzugänglichen Bergs verwandeln: alle diese Jahre das bohrende Gefühl der Verwaisung, das mich im Alter von dreizehn Jahren zerrissen hatte, die Gewißheit der absoluten Einsamkeit, die mich seit meinem vierzehnten Lebensjahr begleitete, und der traurige Sieg, ein Badezimmer für mich allein, eine gigantische Badewanne, in die Wüste gesetzt wie ein unsinniges Monument. Im Korridor angekommen ging ich auf den Sessel zu, den ich selbst vor vielen Jahren meiner Mutter, als sie noch zu gehen wagte, zum Ausruhen dort hingestellt hatte, und setzte mich, als wäre jetzt ich die Kranke und der restliche Weg eine Leistung, die über meine Kräfte ging. Ich wollte noch ein paar Minuten nachdenken, meinen Plan Punkt für Punkt noch einmal durchgehen, mich vergewissern, daß ich nichts rückgängig machen wollte. Aber während ich noch glaubte, in meinem Innern gäbe es ein paar Reste jener Verzagtheit, die wir gelegentlich mit Mitleid verwechseln, hörte ich ein Klingeln, ein zweites Klingeln, drei aufeinanderfolgende Klingelzeichen.

Als ich das letzte Hindernis, knapp vierzehn Stufen bis zum Ende der Welt, in Angriff nahm, konnte ich mir meine Milde, meine Gehorsamkeit, mit der ich vor vielen Jahren die Diktatur dieser mein Leben regierenden Klingel zugelassen hatte, schon nicht mehr erklären; ich erinnerte mich gut an die einzelnen Phasen dieses Prozesses, an die Gehirnblutung, die meinen Vater dahinraffte, als ich noch nicht einmal das Abitur hatte, an die Thrombose, die meine Mutter in eine hinfällige Frau verwandelte, zwei Jahre bevor ich meinen Abschluß in Naturwissenschaften machte, an die selbstverständliche Annahme meiner Geschwister, daß ich mich bis zu ihrem Tod um sie kümmern würde, daran, wie schnell und gelassen ich diese Aufgabe übernommen hatte, und an ihre lobenden Worte: Wie gut du bist, Berta! An all das erinnerte ich mich, aber ich verstand es nicht mehr und konnte es nicht mehr entschuldigen, ich konnte die Tyrannei meiner Mutter – alle ihre Anstrengungen, mich aus der Welt zu reißen, um mich für sich ganz allein zu haben, die fingierten Schmerzen, Schreie, Alpträume und die vielen Tränen, bis auch die Geduld meines letzten Freundes, Marcos, zu Ende war und er ging und ich nicht den Mut hatte, ihm zu folgen – nicht mehr mit der Schwäche einer Kranken entschuldigen. Er war der einzige, der die Wahrheit erkannt hatte, der einzige, der mir dieses Ende ersparen wollte und mir statt dessen einen Neuanfang anbot, ein süßes Leben, Tage voller Liebe und Mathematik. Ich liebte ihn, ich liebte ihn so sehr, daß ich noch beim Einschlafen lächelte, jede Nacht, aber ich hatte nicht den Mut, mit ihm zu gehen, und urplötzlich hörte meine Mutter auf, in schmutzige Taschentücher zu spucken, und sie pinkelte nie wieder in die Wohnzimmersessel, die Suppe lief ihr nicht mehr aus den Mundwinkeln, und die Popel hingen ihr nicht mehr aus der Nase. Kaum hatte sie mir Marcos vergrault, beruhigte sie sich und fand ganz plötzlich die Kontrolle und ihren Verstand wieder, aber ich hatte schon begonnen, sie zu hassen, nur war der Haß kein ausreichender Motor dafür, meine Beine in Bewegung zu setzen, und weiß Gott, ich wünschte ihr den Tod, aber nicht einmal dieser Wunsch ließ mich von ihrer Seite weichen …

Vier, fünf, sechs Klingelzeichen unterstrichen meine langsamen Schritte wie eine törichte Tanzmusik, doch ich rannte nicht, ich hatte mir geschworen, nicht mehr zu laufen, und ohne mich zu beeilen vernahm ich das siebte Klingeln und das achte, und ich erinnerte mich an so viele Dinge, die noch vor meinem Wollen, meinem Glauben und meiner Zukunft, meiner Freude, meinem Alter, meiner ganzen Hoffnung, der Liebe und sogar der Mathematik erstarrt waren. Ich liebte die Mathematik, und wie eine zu einem seltsamen, asketischen und wegen seiner geringen Anhängerzahl sogar verdächtigen Glauben Konvertierte verspürte ich ein außerordentliches Vergnügen beim Anwerben neuer Getreuer für meinen Tempel der Logik und der Zahlen. Deshalb unterrichtete ich so gerne; in meinem bescheidenen Leben als Krankenschwester einer alten Frau gab es nichts vergleichbar Rührendes wie das Staunen in den Augen eines Kindes, wenn ein unbekanntes Licht in seinem Geist aufleuchtet und es mir freudig verkündet, daß es plötzlich den Mechanismus der Dezimalrechnungen verstanden hat und die Kommas richtig zu setzen weiß. Ich genoß es zu unterrichten, den Unterricht vorzubereiten, die einfachste Form für das schwer Erklärbare zu finden, mir Aufgaben auszudenken, denn ich habe nie Lehrbücher benutzt, habe nie nach dem vom Ministerium vorgegebenen Lehrplan unterrichtet, sondern nach meinen eigenen Methoden; ich habe mich bemüht, die Kinder nie mit Hausaufgaben nach Hause zu schicken, trotzdem war vom ganzen Jahrgang meine Klasse immer am besten vorbereitet gewesen, obwohl ich immer auch alle Sitzengebliebenen, alle Dickschädel, die schlechtesten Schüler der ganzen Schule übernommen hatte und alle gut abschneiden ließ, denn keinem gelang es, meine Geduld zu erschöpfen; die Kinder liebten mich, lächelten mich an, küßten mich, besuchten mich noch drei oder vier Jahre, nachdem sie von mir unterrichtet worden waren, und auch mir gefiel es, sie vorankommen zu sehen, sie wachsen zu sehen, ihnen am letzten Schultag nachzublicken, wenn sie mit den Zeugnissen in der Hand wie verrückt losliefen und sich schon fragten, wie sie mit den Lehrern im Gymnasium auskommen würden.

Die Mathematik war mir sehr wichtig, obwohl es mich anfangs schmerzte zu wissen, daß am anderen Ende Madrids – in einem ganz ähnlichen Klassenzimmer wie dem meinen, mit grünen Pulten und Zeichnungen an den Wänden, von dem aus man vielleicht in einen sonnigen Schulhof mit einem ähnlichen Basketballkorb wie bei mir sehen konnte – Marcos ganz ähnliche Kinder unterrichtete wie diese, die mich, ohne ein gelegentliches Gähnen zu unterdrücken, ansahen. Aber das war nur anfangs so, als ich noch davon träumte, daß er eines Tages zurückkommen würde, als ich noch minutiös den Tag und die Stunde bestimmte, um meinerseits zu ihm zu gehen, und ich hatte mir schon eine bestimmte Farbe, ein bestimmtes Kleid und eine bestimmte Frisur ausgesucht, probte innerlich für mich: »Hallo, Marcos«, würde ich ihn mit etwas heiserer Stimme, mit der übermüdeten Stimme einer Frau von Welt begrüßen. »Ich habe dich nie vergessen können, weißt du?« Und er würde mich ansehen, als hätte er seit Monaten oder Jahren auf diese Worte gewartet, und ich würde diesem Blick bei der fast wörtlichen Wiedergabe des Gedichts, das Eugenio in meiner Kindheit aus einem Kalender abgeschrieben hatte, standhalten, ich würde törichtere, armseligere Sätze sagen, aber er würde sie verstehen, denn wir Mathematiker reden nicht in Versen ... Selbstverständlich bin ich nie zu Marcos gegangen, und Marcos ist nie zurückgekommen; die Leidenschaft sucht sich ihre Opfer sehr sorgfältig aus, und ich verdiente sie nicht. Mit sechzehn Jahren hatte ich von Eugenio eine Postkarte aus Barcelona erhalten. Er hatte bei Seat Arbeit gefunden, und Piedad, die ein Kind erwartete, schickte mir viele Küsse, hatte aber nicht unterschrieben, weil sie immer noch nicht schreiben konnte. Bei der Erinnerung an diese Postkarte, der letzten Nachricht, die ich von den beiden erhalten habe, schöpfte ich Mut und gleichzeitig zersprang ich vor Angst: Niemals würde ich es wagen, meine Mutter allein zu lassen, ich würde niemals zu Marcos gehen, ich liebte die Mathematik, aber selbst die hatte ich verloren.

Kurz vor meinem dreißigsten Geburtstag zogen wir nach Torrelodones, weil meine Mutter entschieden hatte, daß die Landluft ihrer Gesundheit wesentlich zuträglicher sei als diese schreckliche Stadt, die sie umbrachte. Ich widersetzte mich diesem Umzug nach Leibeskräften und argumentierte wochenlang umsonst dagegen, daß weder ihre Kräfte so nachgelassen hätten, wie sie behauptete, noch daß der Lärm oder die Umweltverschmutzung sie so angreifen konnten, wenn man bedachte, daß sie die Wohnung im fünften Stock einer der ruhigsten Straßen im Stadtzentrum nie verließ. Ich sprach auch von mir, von den Problemen, die mir der Umzug aufs Land verursachen würde: eine Stelle in irgendeiner Dorfschule zu finden, mit einer alten Kranken allein in einem abgelegenen Haus in einer Gemeinde zu leben, die den größten Teil des Jahres wie ausgestorben war, und gezwungen zu sein, für alles das Auto zu nehmen. Ich wiederholte tausendmal, daß die Stadt zu verlassen eine Katastrophe sei, aber niemand hörte auf mich. Meine Mutter begann, sich dauernd zu beklagen, fand nächtelang keinen Schlaf und behauptete, der Aufzug würde sie wecken, dann aß sie nichts mehr, und meine Geschwister fragten mich, wie ich so grausam sein könnte, wiederholten ständig, daß ich es doch gar nicht nötig hätte, zu arbeiten, baten mich, keine fadenscheinigen Entschuldigungen mehr vorzubringen, und schließlich gab ich den Kampf auf, aber ich verließ Madrid mit Tränen in den Augen, ich weinte vor Kummer und Wut, das letzte Lebenszeichen, das ich viele Jahre lang von mir zu geben wußte.

Als ich ihre Zimmertür öffnete, konnte ich schon nicht mehr glauben, daß dies einmal mein Leben gewesen sein sollte, denn es war keinerlei Spur der guten Berta mehr übrig. Befremdet sah ich sie an, wie sie aufrecht im Bett saß und mit einer für eine kranke Alte unpassenden Wut die Klingel drückte, und ich konnte beinahe das Knirschen ihrer Zähne hören, aber ich ging langsam auf sie zu, blieb stehen und wartete darauf, daß es still wurde. Dann begrüßte ich sie mit fester, klarer Stimme.

»Guten Morgen, Doña Carmen.«

Ich forschte in ihren Augen und fand keinen Schmerz in ihnen, nicht einmal einen Vorwurf, nicht einmal einen Anflug der Verwirrung oder listig zurückgehaltener Überraschung, und einen Augenblick lang wünschte ich mit aller Kraft, mich getäuscht zu haben, aber ich wartete umsonst auf ein Zeichen der Zärtlichkeit oder des Protests, auf eine schlichte Frage, und ich wiederholte den Gruß nur, um mich zu vergewissern, daß sie mich verstanden hatte: »Wie geht's, Doña Carmen, wie geht es Ihnen heute?« Ich wünschte, mich geirrt zu haben, eine zu große Zahl multipliziert oder zu viel subtrahiert zu haben, aber sie wollte mich nicht korrigieren, sie beschränkte sich darauf, mich schräg anzusehen, mit einem Argwohn, der sich schnell in echte Angst verwandelte, und als ich begriff, daß sie in meiner Gewalt und seit so vielen Jahren von mir abhängig war, obwohl wir das halbe Leben damit zugebracht hatten, das Gegenteil vorzutäuschen, erschauderte ich und fragte mich, wann sie begonnen hatte zu fürchten, daß genau dies eintreten würde. Nichts schien mir härter, als mein restliches Leben in dem Wissen zu verbringen, daß ich so viele

Jahre für nichts geopfert hatte, deshalb hoffte ich, mich geirrt zu haben, deshalb wollte ich, daß sie mit mir redete, daß sie mich berührte, daß sie mich wiedererkannte, daß sie mir bestätigte, daß alle meine Vermutungen Unsinn seien, daß sie nie darauf verzichtet hatte, meine Mutter zu sein, daß sie mich nie mit anderen Augen betrachtet hatte als ihre anderen Kinder, daß sie sich niemals dessen bewußt gewesen war, mich in den Armen einer anderen Frau zurückgelassen zu haben.

Bis zum letzten Moment hatte ich Hoffnung, denn schließlich und endlich hatten wir jahrelang im selben Haus gelebt, und meinen Geschwistern hatte sie eine Mutter sein können, Cristina küßte sie bei ihren monatlichen Besuchen von oben bis unten ab, Cecilia hatte sie die Wohnung in der Conde de Xiquena-Straße, die sie unbedingt haben wollte, überlassen – ich hatte immer vermutet, daß diese Laune der wirkliche Grund unseres Umzuges gewesen war –, und Alfonso war der Empfänger der Überweisungen, die ich andächtig alle drei Wochen ausfüllte, damit er nach Zahlung der Alimente nach zwei aufeinanderfolgenden Scheidungen bis zum Monatsende zurechtkam. Diese Frau war die Mutter von all denen, die sie nur hin und wieder sonntags anriefen, und ich die einzige, die sich wie eine gute Tochter verhielt. Dennoch hatte sie Angst, Angst, alleine zu bleiben, Angst, verraten und von ihrer Krankenschwester verlassen zu werden, von ihrer Magd, ihrer dummen Tochter, die das Pech hatte, zur falschen Zeit auf die Welt gekommen zu sein, von dieser seltsamen Tochter, die es gewagt hatte, sich selbst zu lieben, der Tochter einer Bediensteten, der sanften Tochter, die noch immer nicht glauben mochte, daß ihre Mutter sich in einem so harten, so trockenen, so fremden Tonfall an sie wenden konnte, um ihre Panik in einem letzten Befehl zu verbergen, genau jetzt, wo ihre Befehle jegliche Macht verloren hatten.

»Mach das Fenster auf, Berta, ich ersticke.«

Ich tat alles ganz langsam, um mich davon zu überzeugen, daß ich es richtig machte, obwohl innerlich die Eile an mir nagte. Ich unterhielt mich mit mehr als einem Dutzend Krankenschwestern, bis ich die anstellte, die mir als geeignetster Ersatz für mich erschien, und wir wechselten uns ein paar Monate lang ab, während ich in Madrid eine Wohnung mietete und alle meine Ersparnisse – praktisch meine vollständigen Gehälter der fünf Jahre, die ich noch in einer Privatschule in Las Rosas gearbeitet hatte, bevor ich es ganz aufgab – auf ein neues Bankkonto in der Stadt überwies. Ich suchte alle meine Unterlagen zusammen, um meine Beurlaubung zu beenden und Anspruch auf meine alte Stelle zu erheben; ich bereitete mich Tag und Nacht vor, denn ich hatte bemerkt, daß ich aus der Übung war. Ich verwarf Dutzende von Entwürfen, bevor ich den endgültigen Brief verfaßte, den ich meinen Geschwistern schickte – drei im größten Zeilenabstand auf der Schreibmaschine getippte Kopien, meinen Vor- und Familiennamen in Druckbuchstaben unter der Unterschrift: Sehr geehrte/r Herr/Dame, persönliche Gründe – solchen Umfangs, daß ihre Beschreibung den beschränkten Raum dieser Art Schreiben beträchtlich überschreiten würde – machen es mir unmöglich, mich weiterhin um die Frau Mutter zu kümmern ...

Meine Sammlung der in Glastiegeln eingesperrten Duftstoffe warf ich in den Müll, bevor ich sehr sorgfältig packte, aber als der Wagen beladen und der Motor schon angelassen war, konnte ich der Versuchung nicht widerstehen, ein letztes Mal durch das Haus zu gehen, um die Schränke, den Nachttisch, die Schubladen, die leeren Regale zu durchsuchen, und ich legte mich sogar auf den Boden und schaute unters Bett, um mich zu vergewissern, daß beim Schließen der Tür nichts zurückblieb, was mir gehörte. Nichts.

Zwei Frauen

Für Juan Vida und für Felipe Benítez Reyes,
die mit beiden Beinen mitten im Leben stehen

Als ich zum Auftakt eines bestürzend bleiernen Morgens, gezeichnet von diesem dunstigen grauen Licht, das für immer und ganz besonders beim Übergang des Frühlings zum Sommer verboten gehörte, den Telefonhörer abnahm, hatte ich ganz vergessen, daß die Einkommensteuererklärung diesmal positiv ausgefallen war: vierundzwanzigtausend Peseten als erste Rate – ich zahle nie alle Steuern auf einmal, es könnte ja sein, daß ich im Sommer sterbe und das Finanzamt zuviel kassiert–, die eine nicht gerade kleine Wunde in das bescheidene Herz der hartnäckigen und äußerst unsicheren Freiberuflerin rissen, die ich bin. Die Konditionen dieses verblüffenden Angebots vertrieben die morgendliche Schläfrigkeit so effektiv, als hätte der Hörer Faustschläge statt Wörter übermittelt, und nachdem ich angenommen hatte, ohne erst mühsam so zu tun, als müsse ich es überdenken, hob ich eine imaginäre Stierkämpfermütze zum Himmel, um die Erinnerung an die vierundzwanzigtausend Peseten hochleben zu lassen, die so unverhofft auf ein gewöhnliches, notorisch leeres Konto zugeflogen kamen.

Ich hätte nie gewagt zu glauben, daß jemand irgendwem so viel Geld für eine Arbeit bezahlen könnte. Die Zahl drehte sich in meinem Kopf, während ich duschte und mich anzog, während ich zur Bushaltestelle ging und mir immer wieder ausmalte, wie köstlich es wäre, an einem so kühlen Morgen durch Madrid zu spazieren, unter einem perlmuttschimmernden Himmel, der nie bleiern war. Ich dachte nur an meine Rückkehr im Spätsommer, an all die Tage, die ich auf diesem obszönen Haufen Geld sitzen würde, und an meine Doktorarbeit, an meinen armen, geliebten und vernachlässigten Jewgeni, den ich nie mehr im Stich lassen würde, um siebenhundert Fahnen eines Vogelkundebuches der Pyrenäen Korrektur zu lesen wie beim letzten Mal, noch um ein komplettes MS-Dos-Handbuch in zweihundertvierzig Lieferungen plus Diskette zu übersetzen wie beim vorletzten Mal. Das Leben einer freien Verlagsmitarbeiterin ist hart, besonders, wenn die Steuererklärung positiv ausfällt; die erste Geschäftsregel besagt, daß man alles annehmen muß bis hin zur Redaktion eines Kreuzstichschnellkurses. Deshalb hatte ich mir im Moment der Zusage kein Zögern erlaubt, und dennoch spürte ich eine fast an Furcht grenzende Unruhe in mir aufsteigen, als ich an der Tür klingelte. Schließlich war mir die Arbeit im Team noch nie gut bekommen.

»Hallo«, grüßte sie mich mit einem strahlenden Lächeln, für das es wirklich keinerlei Grund gab. »Wer bist du?«

Wenn ich so lange mit der Antwort zögerte, lag das nicht nur daran, daß ich mich noch nie sehr gut in zwei Worten vorstellen konnte. Auch überwog das Erstaunen darüber, sie makellos geschminkt, gekämmt und gekleidet vor mir zu sehen – *ein Morgenensemble aus naturfarbener Seide, mit großzügigen breiten Streifen, die die Figur unterstreichen, die Schlankheit einer ätherischen, fast übersinnlichen Gestalt akzentuieren – ein neues Weiblichkeitsmodell* ... Das hatte ich selbst ein paar Jahre zuvor geschrieben, als ich die Texte des Frühjahr-Sommerkatalogs eines großen Kaufhauses lektorierte – ich erinnerte mich an die lausige Bezahlung, und ich erkannte sie wieder, makellos geschminkt, gekämmt und gekleidet, genau wie jetzt, als sie mir um halb zwölf an einem normalen und gewöhnlichen Dienstag, der nicht einmal ein dreizehnter war, öffnete. Das Schlimmste war, daß ich sie überwältigend hübsch fand, das reinste Titelbild einer Extraausgabe der Zeitschrift *Toda Belleza;* ich versuchte meine Selbstsicherheit wiederherzustellen, indem ich zu einer niederträchtigen Methode griff und spöttisch dachte, daß sie, nach allem, was sichtbar war, zu urteilen, wohl bis hin zum Slip Gardenien von Chanel trug. Doch als sie den Arm vorstreckte und zufällig eine meiner Brüste streifte, die mich, in einen Büstenhalter Größe 85 gestopft, beim Betreten einer Boutique jedes Mal in einen monströsen Unfall der Natur verwandelten, sagte ich mir, daß dies hier nicht besonders einfach werden würde. Gleichwohl gab auch ich ihr die Hand und stellte mich, so gut ich konnte, vor.

»Nun, ich ... Deine Agentur hat mich heute morgen angerufen. Ich spreche fließend Russisch, und mein Englisch –«

»Ah ja!« unterbrach sie mich, wobei sie immer noch das strahlende Lächeln zur Schau stellte, für das es nach wie vor keinen Grund gab. »Du mußt meine ... Ach, mir fällt das Wort nicht ein.«

»Coach.«

»Was?«

»Co-utsch«, wiederholte ich langsam, jeglichen Akzent vermeidend. »Oder Trainerin, wenn du willst, das ist einfacher.«

Sie bat mich mit einer Handbewegung einzutreten. Schon in der Diele hatte ich den Eindruck, daß ich die Zeitschrift wechselte, als wäre ich zufällig zwischen die Seiten eines dieser Innenarchitekturmagazine geraten, die alle sogenannten Frauenmagazine mehrmals im Jahr beilegen. Das Wohnzimmer, in das ich trat, war so makellos geschminkt, gekämmt und gekleidet, daß es einem fast leid tat, sich hinzusetzen.

»Warum sprichst du Russisch?« fragte sie mich unvermittelt, und zum ersten Mal argwöhnte ich, daß ihr strahlendes Lächeln vielleicht nichts anderes war als der Schutzschild ihrer ständigen Ratlosigkeit.

»Weil ich Slawistik studiert habe.« Ich nahm an, daß mit dieser kurzen Antwort die Frage erledigt sei, aber ich hatte mich geirrt.

»Und warum?«

»Na ja ... weil mich die russische Literatur des 19. Jahrhunderts und die Revolution des 17. Jahrhunderts sehr interessieren und weil mich Osteuropa fasziniert, ich weiß nicht ... Weil Russisch eine wichtige Sprache ist und ich Lust hatte, sie zu lernen.«

»Natürlich ...« Sie machte eine Pause, als müßte sie nachdenken. »Du solltest keinen Wonderbra tragen. Ich finde, der läßt dich so untersetzt wirken.«

»Ich habe keinen Wonderbra an«, antwortete ich langsam, darauf bedacht, daß jede Silbe wie ein Messerstich klang.

»Dann ist das alles echt ...«

»Ja.«

»Aha.«

Leckmichamarsch, leckmichamarsch, leckmichamarsch, wiederholte ich für mich ganz schnell, eine Technik, um gelassen zu bleiben, weil der eher zufällig abgeschossene Pfeil mich genau in meinem tiefsten Innern getroffen hatte, in den Abgrund, der zwischen den brüchigen Grundmauern meiner Persönlichkeit gähnte.

»Möchtest du etwas trinken?«

»Eine Coca-Cola ...« Und wohl wissend, daß ich mich monatelang schuldig fühlen würde, fügte ich die verhaßte Bemerkung hinzu: »Light, bitte.«

»Die trinke ich auch.«

Na wie schön, dachte ich.

Ich bin fast einen Meter siebzig groß, und das ist in Ordnung, aber als ich das letzte Mal vierundfünfzig Kilo wog, war ich gerade fünfzehn Jahre alt. Das wäre nicht weiter wichtig, würde ich nicht fast immer ein bißchen – eins dieser so elastischen »bißchen« – mehr als sechzig Kilo wiegen, was kein Idealgewicht mehr, sondern kaum noch Normalgewicht ist, und das ist, wenn ich mal keinen guten Tag habe, was seit einigen Jahren bis heute mehr oder weniger täglich der Fall ist, ziemlich schlimm. Ich bin das, was die Leute eine »füllige Frau« nennen, und ich habe soviel Erfolg bei Bauarbeitern, wie ich bei Moderedakteurinnen Geringschätzung hervorrufe. Mein Gesicht gefällt mir und mein kastanienbraunes, volles und lockiges Haar auch, obwohl ich manchmal lieber blond oder ganz dunkelbraun wäre, um der erdrückenden statistischen Mehrheit brauner Tönungen wie der meinen – und fast aller anderen – zu entrinnen, auch wenn ich mein Selbstvertrauen gelegentlich zu stärken versuche, indem ich mir sage, daß ich wirklich haselnußbraune Augen habe.

Eva hatte kastanienbraune Augen und färbte sich sogar die Haare rotschimmernd mahagoni, aber niemand hätte es gewagt, irgendeinen ihrer Züge mit denen anderer zu vergleichen. Sie war zehn Zentimeter größer als ich, ihr Körper aber war mehr oder weniger die Hälfte meines Körpers – in der Breite betrachtet–, und wenn sie ging, schien ihre Gestalt wie vom Geist eines äußerst eleganten Tieres belebt, vielleicht einer Gazelle oder einer Antilope mit zerbrechlichen und extrem langen Beinen. Als ich sie in die Küche gehen sah, verstand ich gut, daß sogar Hollywood auf eine solche Schönheit aufmerksam geworden war, und mein Selbstwertgefühl sank auf die unterste wahrnehmbare Stufe. Der Anblick ihres Kühlschrankinhalts hingegen ließ es wieder ein paar Zehntelgrad ansteigen.

»Es ist nur noch eine Light da«, erklärte sie mit einer Dose in der Hand und dem sattsam bekannten strahlenden Lächeln, das lächerlicher denn je schien angesichts dieses sich anbahnenden Trauerspiels.

»Macht nichts«, tröstete ich, ohne den Blick von der Spargeldose, den paar Tomaten, den vier Joghurts und der leeren Obstschale abwenden zu können, die in den Fächern des riesigen Kühlschranks wie verlorene Kinder wirkten. »Wir können sie uns ja teilen bei unserem Gespräch und dann etwas essen gehen.«

Als wir uns an einen Tisch des Schnellrestaurants setzten, hatte ich noch kaum etwas über sie herausgefunden, außer den Mechanismus ihres absolut perfekten Lächelns, das ich beschlossen hatte vor dem Spiegel zu üben, sobald ich nach Hause käme. Eva ging nicht besonders gern ins Kino. Reisen mochte sie auch nicht. Sie wollte Schauspielerin werden, denn fast zehn Jahre nach ihrer Wahl zur Miß España wurde sie langsam zu alt für den Laufsteg, war aber immer noch sehr gefragt als Fotomodell.

»Was soll ich nur tun, wenn das nicht klappt, was meinst du?« fragte sie mich.

»Es gibt so vieles.«

»Zum Beispiel?«

»Nun, ich weiß nicht ... Gärtnern, Briefmarken sammeln, einen Laden aufmachen, Aufnahmeprüfungen für das Lehramt machen, irgendwo arbeiten, Kinder kriegen, studieren ...«

»Na klar, studieren! Mit meinem Gedächtnis.«

Ich versuchte ihr zu erklären, daß sie als Schauspielerin sehr viel auswendig lernen müßte, aber sie wollte es nicht glauben.

»Dafür bist du ja da«, sagte sie.

»Nein, Eva. Meine Aufgabe ist es, mit dir deine Rollen zu

lernen, dir eine gute Englischaussprache beizubringen und während der Dreharbeiten für dich zu dolmetschen.«

Sie antwortete mir mit einem strahlenden Lächeln, und ich befürchtete das Schlimmste. Ich gehe sehr gern ins Kino. Ich hatte alle Filme von Andrej Ruschinikow gesehen, und ich wußte sowohl um sein fast grenzenloses Talent als auch um seinen Ruf, ein perfektionistischer, bis zur Grausamkeit tyrannischer Regisseur zu sein. Als ich Eva fragte, ob sie etwas davon wüßte, antwortete sie mir, daß sie schon daran gedacht hätte, sich irgendeinen Film Ruschinikows anzuschauen, bevor sie nach Los Angeles abreiste, und daß sie es früher oder später auch tun wolle, aber im Augenblick zu faul sei.

»Jedenfalls hat er mich haben wollen, oder nicht?« war ihre Art der Verteidigung. »Mein amerikanischer Agent erzählte mir, daß er bei der Durchsicht meiner Fotos gesagt hätte, daß ich reizend sei ...«

Noch nie in meinem Leben hatte ich ein so mühsames Gespräch geführt; ich fühlte mich, als wäre ich den ganzen Morgen dazu verurteilt gewesen, Steine zu klopfen. Ich hatte einen Bärenhunger, der meine besten Vorsätze dahinschwinden ließ, und meine Stimme zitterte nicht im geringsten, als ich ein dreistöckiges Sandwich – Hühnchen, Schinken, Käse, Salat, hartgekochtes Ei, Tomate, Speck und Mayonnaise – und ein Bier bestellte. Eva begnügte sich mit einem Schinkensandwich und einem Fläschchen Mineralwasser ohne Kohlensäure, und sie widmete sich dem Essen mit derselben gewissenhaften Sorgfalt, die ein Chirurg entfaltet, wenn er eine Operation am offenen Herzen vornimmt. Zuerst atmete sie tief durch. Dann nahm sie die obere Brötchenhälfte ab und legte sie beiseite. Sehr sorgfältig löste sie die Füllung aus der unteren Brötchenhälfte und legte diese auf ihr Gegenstück. Dann schob sie den Schinken genau in die Tellermitte und atmete wieder durch. Schließlich schnitt sie ein Stückchen ab, führte es zum Mund und begann zu kauen.

Ein paar Sekunden später war ich es, die nicht aß. Sie bewegte weiterhin gleichmäßig die Kiefer, ohne sich auch nur im geringsten vorstellen zu können, wie sehr mich diese Szene erschütterte.

»Was ist?« fragte sie endlich, nachdem sie sich gestattet hatte, den Schinken zu schlucken. »Warum siehst du mich so an?«

»Ich versuche seit zehn Jahren, meine Doktorarbeit zu beenden», antwortete ich, diesmal ohne den geringsten Versuch, mich auf ihr Niveau herabzulassen. »Über ein Buch mit dem Titel *Wir*, das zu Beginn des Jahrhunderts ein russischer Autor namens Jewgeni Samjatin geschrieben hat. Es ist ein Zukunftsroman, eine totalitäre Utopie; Orwell ließ sich beim Schreiben von *1984* direkt davon inspirieren. Es spielt in naher Zukunft. Die Welt wird von einem einzigen Staat regiert, dessen Macht in der absoluten und vollständigen Abschaffung jedweder Eigeninitiative besteht. Alle Normen, alle Gesetze dienen dazu, die Menschen gleichzumachen, sie in kleine gehorsame Roboter zu verwandeln, die weder Fragen stellen noch sie beantworten. Als ich das Buch las, beeindruckte mich die Beschreibung des Essens am meisten. Das Gesetz ordnete unter Androhung schärfster Sanktionen an, daß jeder Bürger verpflichtet sei, vor dem Schlukken jeden Bissen fünfzigmal zu kauen. Diese Passage weckte meine Bewunderung für Samjatin, und ich begann ernsthaft daran zu denken, über ihn zu schreiben. Ich bin noch nirgendwo anders einem so subtilen und gleichzeitig so überzeugenden Merkmal des Wesens der Tyrannei begegnet.«

»Und warum mußten sie fünfzigmal kauen?«

»Theoretisch, um das Essen besser zu verdauen. Praktisch, um die Menschen darauf hinzuweisen, daß der Staat das

Recht hat, selbst das, was in ihrem Körper geschieht, zu kontrollieren, sogar das Funktionieren ihrer Eingeweide zu steuern. Erschreckend, nicht wahr?«

»Ich kaue jeden Bissen dreißigmal», antwortete sie. »Um nicht zuzunehmen. Aber mal was anderes ... Ißt du immer so?«

»Was meinst du damit?«

»Die Menge.«

»Also ... nicht immer. Manchmal zwei Gänge. Und wenn's mir gutgeht sogar einen Nachtisch.«

»Aha.« Sie machte eine Pause, als müßte sie nach Worten suchen, und ich fand mich damit ab, daß sie, sollte sie überhaupt etwas von der gerade erzählten Geschichte verstanden haben, nicht im geringsten davon beeindruckt war. »Also gut, dann würde ich es vorziehen, daß wir nicht zusammen essen, wenn es dir nichts ausmacht.«

»Was ist los, bist du neidisch?«

Sie mochte mir nicht antworten, und zum ersten Mal bedauerte ich sie.

Ich sah Eva erst knapp drei Wochen später am internationalen Terminal am Barajas-Flughafen wieder. Zwanzig Tage lang war ich jeden Morgen mit dem festen Vorsatz aufgestanden, sie anzurufen, uns zu verabreden, sie zu besuchen. Es wäre naheliegend gewesen, vor der Abreise einen regen Kontakt zu pflegen, die Reise vorzubereiten, aber ich schaffte es nie, zum Telefonhörer zu greifen. Einerseits, weil sie keinerlei Interesse daran gezeigt hatte, sich wieder mit mir zu treffen, andererseits war mir mehr als bewußt, daß wir sieben Stunden Flug nach New York, einen langen Zwischenaufenthalt im Transitbereich und einen endlosen Weiterflug bis nach Los Angeles vor uns hatten, genug Zeit, um das Repertoire der brillantesten Gesprächspartner zu erschöpfen.

In Wirklichkeit gab es noch einen Grund, ein geringfügiges, aber dennoch bestimmendes Motiv, wenn auch von solch beschämender Natur, daß ich es nicht einmal mir selbst eingestehen mochte, denn wenn ich am ehesten bereit bin zu Güte und Verständnis, zu Mitleid und Solidarität, dann nur, nachdem ein dreistöckiges Sandwich gekrönt mit Bierschaum frei und glücklich, lang und breit durch meinen Organismus gewandert ist. Ein kleiner Zwischenfall von der Größe der Kathedrale von Burgos lieferte mich plötzlich der ungerechtesten und rachsüchtigsten Willkür aus. Eva bat mich, sie zu begleiten, um ein Kleid abzuholen, und ich sagte zu, ohne zu argwöhnen, was ich bei diesem kurzen Vorhaben aufs Spiel setzte. Als wir an dem Schaufenster vorbeikamen, bemerkte ich, daß es sich genau um die Art von Geschäft handelte, die Frauen wie ich nicht zu betreten wagen, aber ich trat ein und nahm gelassen an der Verschwisterungszeremonie der schwachsinnigen Unterernährten teil, die jedes Mal ehrfürchtig zur Umkleidekabine liefen, wenn sie erschien, in jedem neuen Modell gleichermaßen blendend aussehend, das wie alle exakt auf ihre Körpermaße zugeschnitten zu sein schien. Ich überstand heil das Ende der Vorstellung, als der Chor der Verkäuferinnen – *Wie toll dir das steht! – Das steht dir perfekt, wirklich, wirklich, wie toll dir das steht! – Das steht dir wirklich perfekt, echt! – Also, das steht dir absolut toll! – Perfekt, das steht dir perfekt, also wirklich …* – verstummte und Eva zur Kasse ging. Aber da machte sie einen unvorhersehbaren, verdächtigen Schlenker auf einen vollen Kleiderständer zu, wählte ein Kleid aus und wandte sich an mich. »Das würde dir gut stehen«, sagte sie. »Es ist wunderschön, findest du nicht?«

Ich hätte es besser wissen sollen, aber es stimmte, das Kleid war wunderschön – wirklich, wirklich – und ich zum ersten Mal seit vielen Jahren reich. Deshalb widerstand ich der Versuchung nicht, es zu nehmen, anzuprobieren und mich im Spiegel zu betrachten. Ich achtete weder auf die Größe, noch dachte ich ernsthaft daran, es mir zu kaufen, ich hatte es ja nicht ausgesucht, es war einfach ein Spiel – bis ich ihre laute, volltönende Stimme vernahm: »Dumm ist nur, daß ihr ihre Größe nicht habt« und prompt darauf Gelächter, aus dem sich schrill und unheilverkündend wie das Krächzen einer Krähe die Antwort erhob: »Nun, das ist natürlich schwierig, sie sieht sich besser woanders um ...«

Das war Evas Rache, genau der Preis ihres Hungers, und ich bemühte mich, es einfach wegzustecken, es nicht allzu schwer zu nehmen, keinerlei Groll zu hegen, aber ich spürte, daß diese Episode eine Dynamik in Gang setzte, die unsere Beziehung ganz entscheidend bestimmen sollte. Sie benutzte ihren Körper als Schutzschild gegenüber jeglichem Angriff und als vergifteten Wurfspeer, wenn sie die Absicht hatte, anzugreifen. Ich gab es auf, meine Vorurteile über Models zu bekämpfen, und nahm mir vor, nie wieder meinem Mitleid nachzugeben. Der erste Vorsatz kostete mich kaum Überwindung – obwohl ich selbst manchmal nicht ganz davon überzeugt war, denn Eva verkörperte exakt das, was sie zu sein schien –, aber der zweite Vorsatz mißlang mir mehr oder minder sofort, denn ihre Selbstsicherheit hielt außerhalb der Fotostudios und Modewerkstätten nicht an, und niemand hätte in dem verängstigten Vögelchen, das sich beim Verlassen des Flugzeugs in New York so eingeschüchtert und erschrocken an meine Fersen heftete und mich nicht einen Augenblick, nicht mal auf der Toilette, allein ließ, das internationale Topmodel auf dem Weg zum absoluten Starruhm wiedererkannt.

»Ich bin es gewohnt, daß mir jemand sagt, was ich tun soll«, erklärte sie. »Aber ich verstehe nichts ...«

»Dann antwortest du einfach nicht.«

»Ja, gut, aber mir ist lieber, wenn du mich nicht alleine läßt.«

Die während des Fluges angestaute Langeweile, die Anspannung und Ungeduld hatten ihr Make-up unbarmherzig angegriffen; es war immer matter geworden und drohte sich aufzulösen, und als wir in Los Angeles ankamen, waren die Ränder ihrer Maske so sichtbar wie die beginnenden Krähenfüße, die Pickelchen und die Fältchen, die morgens nicht dagewesen waren. Ihr Gesicht hatte nachgegeben, und auch ihr Körper gab nach, ihre Schultern waren zu müde, um sich zu straffen und ein winziges und vielleicht gerade deshalb an diesem schlanken Körper so auffälliges Bäuchlein zu kaschieren, und ihre Knöchel waren, genau wie meine, aus Protest angeschwollen. Sie war auch nur ein menschliches Wesen, eine Frau allein in einem fremden Land, dessen Sprache sie nicht verstand, ein von der Müdigkeit erschlagenes Wesen, dazu verurteilt, eine schwere Prüfung zu bestehen, bevor sie genügend Zeit hätte, sich vollständig zu erholen, so wirkte sie jedenfalls auf mich, und ich nahm mir vor, so kooperativ wie möglich zu sein, ihr zu helfen, sie Ruschinikow als *die* Schauspielerin seines Lebens zu verkaufen ...

Als ich jedoch wenige Stunden später die Tür zu meinem Bungalow öffnete, war ich diejenige, die immer noch entsetzlich aussah. Sie strahlte, und ihr Ausdruck veränderte sich auch beim Aussteigen aus dem Produktionswagen kein bißchen; dieser hatte zwar in beträchtlicher Entfernung von der Filmkulisse angehalten, aber doch nahe genug, daß die Schreie dieses Besessenen zu hören waren, der alle Flüche ausstieß, die es im Russischen gab. Zum Abschied warf uns der Chauffeur einen mehrdeutigen Blick zu, teils ängstlich, teils mutlos, den ich erwiderte; aber Eva – mit dem perfektesten ihrer so gut einstudierten strahlenden Lächeln, die wirkten, als wären sie auf ihre roten Lippen genäht – sah mich an, als wäre sie taub, und ging dann in einer Art gelassener Eile, die nur denen vergönnt ist, die sich schon als Besitzer eines Stückchen Paradieses wissen, in ihr Schicksal.

Ich erkannte Andrej Ruschinikow, ohne jemand fragen zu müssen. Mitten in der Filmkulisse, in verwaschenen Jeans und einem roten Baumwollhemd, das ein Eigenleben zu führen schien, weil er so heftig gestikulierte und schrie, sah er aus wie ein wutentbrannter Bär. Beim Näherkommen entdeckte ich in seinem Gesicht die typisch slawischen Züge, wie man sie aus Buchillustrationen kennt: ein Kosake, wie er leibt und lebt, schwarzes Haar, helle Augen, sehr helle Haut, sehr buschige Augenbrauen und ein quadratisches, eindrucksvolles Kinn, Taras Bulba, Michail Strogow, Peter der Große, dachte ich, Gott steh uns bei, dachte ich.

»*Please*«, bat ich ihn mit anfangs fast unhörbarer Stimme. »*Please, Mister Ruschinikow* ...« Und da nichts darauf hinwies, daß er mich gehört haben könnte, ging ich zu Russisch über: »*Poschalujsta* ...«

Da erst drehte er sich um und sah mich an, und ich sprach weiter russisch, stellte mich und Eva vor, redete minutenlang gegen hochgezogene Augenbrauen, eine gerunzelte Stirn und eine unbewegliche, zwei Meter hohe Mauer an und machte schließlich einen Schritt zur Seite. Sie ging langsam auf ihn zu, wobei sie ihre Schritte mit dem ganzen Körper unterstrich, streckte ihm die Hand entgegen, neigte den Kopf, gab ihrem Lächeln eine mir unbekannte Note, grüßte ihn auf spanisch mit einer so einschmeichelnden Stimme, daß ich zu übersetzen vergaß und seufzte. Die sich an ihm vollziehende Verwandlung erwies sich als noch verwirrender. Ruschinikow strich sich mit fast jugendlicher Tölpelhaftigkeit die Haare aus dem Gesicht, verbarg die Hände in den Hosentaschen, lächelte und antwortete auf englisch, Evas Ankunft sei das einzig Angenehme, was ihm seit Tagen widerfahre, er sei erfreut, sie hier zu haben, und es mache ihn glücklich, festzustellen, daß sie in natura noch viel reizender aussehe als auf den Fotos. Das übersetzte ich wirklich und die darauffolgende Einladung zum Kaffee und zu einem kurzen Gespräch auch. Während ich ihnen hinausfolgte, hatte ich schon den typischen Zustand der Dolmetscherin erreicht, der es ermöglicht, eine Unterhaltung zu übersetzen, ihr dabei minimale Aufmerksamkeit zu zollen und gleichzeitig an anderes zu denken, und ich erinnere mich genau, daß ich zu mir selbst sagte: Geheimnis der slawischen Seele, unglaublich, verdammt noch mal, Mari Loli ...

Obwohl es mir manchmal schwerfiel, zwischen Eva und meinem eigenen Schatten zu unterscheiden, und ich sie schon fast vermißte, wenn sie sich zum Duschen ins Badezimmer einschloß, mußte ich mir bald eingestehen, daß mein Schützling wenigstens ein Talent besaß, nämlich kritischen Momenten instinktiv aus dem Weg zu gehen. Eine Sekunde bevor sich irgendwelche Schwierigkeiten ankündigten, vergaß Eva, daß sie traurig und sehr niedergeschlagen war, daß niemand sie verstünde und ich der einzige Mensch auf der ganzen Welt sei, mit dem sie reden konnte; sie verschwand und ließ mich allein mit dem vielgestaltigen Feind, der so unbarmherzig wie ein sechsköpfiger Drache war. Und allein wie der heilige Georg schlug ich mich mit dem Skript herum – denn wir kamen zu spät zu den Terminen –, dem Maskenbildner – dem sie Produkte und Farben aufzwang–, der Friseuse – die protestierte, weil sich Eva nicht die Stirnfransen toupieren ließ –, dem Beleuchter – der nicht dulden wollte, daß eine Schauspielerin ihm die Seitenscheinwerfer untersagte – und der Kostümbildnerin – weil Eva darauf beharrte, in ihren eigenen Kleidern zu drehen. Hinzuzufügen, daß ich mich auch mit dem Regisseur herumschlug, wäre formal nicht ganz richtig. Zwischen Ruschinikow und mir herrschte Krieg.

Wenn ich morgens zum Frühstück hinunterkam, erwartete er mich schon, immer am selben Tisch. Er begrüßte mich mit den Worten: »So können wir nicht weitermachen«, und noch vor dem ersten Kaffee hatte ich schon ein ganzes Tablett voller Klagen und zwei Handvoll Empfehlungen geschluckt. Insgeheim gab ich ihm recht, denn ohne das Drehbuch zu lernen, ohne sich in die Figur hineinzuversetzen und ohne die Regieanweisungen zu beachten, würde Eva nie eine Schauspielerin werden. Aber ich sprach es nicht aus, weniger weil ich mein eigenes Scheitern nicht wahrhaben wollte – diese superlangen Übungssitzungen jeden Abend, die mich Stunden meines Schlafes kosteten, um ihr die Rolle Wort für Wort, Geste für Geste, Anweisung für Anweisung einzupauken, während sie zuerst lachte und dann zu jammern begann: »Ich kann nicht, ich kann nicht, wirklich, ich kann nicht mehr, soviel Anstrengung für nichts« – als eher, um es ihm irgendwann mit eigener Münze heimzuzahlen, denn wenn das strahlende Lächeln Evas ihren Absätzen an der Türschwelle des Restaurants vorauseilte, lächelte Ruschinikow plötzlich, strich sich das Haar mit dieser gewissen jugendlichen Tölpelhaftigkeit aus dem Gesicht, und seine Stimme wurde die eines schmachtenden einfältigen Jünglings.

»Sie ist wirklich sehr hübsch«, sagte er ganz leise zu mir auf russisch, ohne den Blick von ihr abzuwenden.

»Ja, sie ist wirklich sehr hübsch«, bestätigte ich ziemlich teilnahmslos.

»Guten Morgen«, begrüßte uns Eva in perfektem Englisch und fuhr dann weit weniger gewandt fort: »Habt ihr geschlafen sehr gut?«

»Selbstverständlich.« Ruschinikow sprach besser Englisch

als ich. »Obwohl uns das nicht so gut bekommen ist wie dir. Du strahlst ja richtig heute morgen.«

»Er sagt, du strahlst«, übersetzte ich ins Spanische.

»Oh, wie freundlich! Er ist doch ein Schatz, wirklich ... Vielen Dank.«

»Sie sagt, du seist ein Schatz und vielen Dank.«

Die Frühstücke arteten immer in ein Komplimente-Pingpong aus, so daß ich mich beim Aufstehen fast schon auf die zusätzliche Arbeit freute, die ich drei Tage nach unserer Ankunft übernommen hatte.

»Ich dachte, es sei nicht ratsam, Eva zu sehr zu ermüden«, hatte er mir diskret erklärt, ohne seine Gründe für diesen Gedanken offenzulegen. »Es wäre besser, sie für die guten Aufnahmen aufzusparen ... Wenn du sie bei den Proben mit den anderen Schauspielern, bei der Ausleuchtung und den Tonproben vertreten könntest ...«

Ich kannte die Rolle auswendig, und jede Aufgabe erschien mir erfreulicher, als ihretwegen hinter der Kamera zu leiden. Außerdem war ich ganz seiner Meinung. Eva hatte weder Methode noch Gedächtnis, und sie lief Gefahr, auch noch ihr letztes bißchen Anmut zu verlieren, wenn sie während der Dreharbeiten mechanisch Silbe für Silbe einen Text wiederholte, dessen Sinn sie nicht erfaßte. Deshalb – ihretwegen – zögerte ich nicht, einzuspringen, aber die Willkür dieses Monstrums, das mich bei jeder Probe schreiend korrigierte, machte mir sehr zu schaffen, denn bei Eva beschränkte er sich – nachdem er »Kamera! Action!« gerufen hatte – darauf, zu lächeln, wenn sie einen Satz ausließ, die Aussprache eines Wortes vergaß oder aus der Großaufnahme fiel, weil sie nach links statt nach rechts gegangen war, und überging damit ihre Unzulänglichkeit. Bis ich eines Nachmittags mitten in der Probe aus der Haut fuhr.

An jenem Morgen beim Frühstück hatte Ruschinikow

Eva – eigentlich sprach er in der zweiten Person Plural, aber er sah ihr dabei so tief in die Augen, daß ich mich keineswegs angesprochen fühlen konnte – zu der Party eingeladen, die von den Russen des Filmteams am Abend gegeben wurde.

»Was meinst du?« fragte sie danach zwischen Ellbogenstößen und Grinsen, mit dem Gesichtsausdruck eines kleinen Mädchens, das gerade bei einer Tombola ein riesiges Stofftier gewonnen hat. »Nein so was, ich hab doch gewußt, daß der umfallen würde …«

Von diesem Moment an trennte sie sich keine Sekunde mehr von Andrej, wie sie ihn jetzt nannte, aber das hätte weiter keine Bedeutung gehabt, wenn die Aussicht auf eine bevorstehende Eroberung sie nicht so entflammt hätte, daß sie wie ein Soufflé im Backofen kurz vor dem Überlaufen war. Einverstanden, Flirten ist was herrliches, aber meine Widerstandskraft reichte nicht über die stundenlangen Spanischübersetzungen bei den Proben und die unzähligen Schikanen hinaus, weil er ständig an allem, was ich tat oder sagte, zu mäkeln hatte und sie absolut seiner Meinung war.

»Also gut«, sagte ich auf russisch, wobei ich die beiden herausfordernd ansah und das Drehbuch zu Boden warf. »Für heute sind wir fertig.«

»Also, ich muß jetzt gehen.« Evas geheimnisvoller Selbsterhaltungstrieb überwand unter vielen anderen auch sprachliche Schranken. »Ich muß mich für die Party herrichten.«

Plötzlich waren Ruschinikow und ich allein, zum ersten Mal allein in dem riesigen leeren Studio, und nachdem ich den Blick mehrmals über die Decke hatte wandern lassen, bückte ich mich und hob das Drehbuch auf, denn es fiel mir einfach nichts Besseres ein. Da kam er langsam auf mich zu und sagte, ohne zum ersten Mal seit langer Zeit die Stimme zu heben: »Entschuldige, es tut mir sehr leid.«

Ich wußte nicht, was ich darauf antworten sollte. Also

legte ich das Drehbuch auf einen Stuhl, fuhr mir durchs Haar, nahm meine Jacke von dem Bügel, auf den ich sie beim Eintreten gehängt hatte, und als ich ihn wieder ansah, stand er neben mir.

»Es tut mir wirklich leid, verzeih mir …« Ruschinikow sprach in einem unbekannten Tonfall mit mir, nüchtern und dennoch fast vertraulich, weit entfernt vom essigsauren Umgangston bei den Dreharbeiten wie von der Süßholzraspelei beim Frühstück. »Es ist wichtig, daß Eva begreift, was ich genau von ihr will, daß sie tut, was ich will und wie ich es will. Versteh doch, es ist sehr wichtig, daß sie dich sieht, ich wollte doch nur –«

»Und warum schreist du dann nicht sie an?« protestierte ich so wild, daß der Klang meiner Stimme mich selbst erschreckte.

»Sie?« Er schien verblüfft. »Ach, und du glaubst, daß man mit Eva reden kann?«

»Sa Puschkina!« rief ich lächelnd aus, wobei ich mit meinem Glas auf die hölzerne Tischplatte schlug, und bevor der Schaum des Wodka-Tonics sich setzen konnte, trank ich es in einem Zug leer.

»Auf Cervantes!« antwortete er mit sehr passablem spanischen Akzent, als die Gläser wieder nachgefüllt waren und wir am Tisch uns erneut zuprosteten. Ich glaube, es war genau in dem Augenblick, zwischen Puschkin und Cervantes, als ich die große junge Frau in einem Abendkleid aus schwarzem Samt und mit transparenten, ellbogenlangen Abendhandschuhen bemerkte – das Haar zu einem sehr kunstvollen Knoten hochgesteckt, zwei unendlich lange ins Leere sprudelnde Edelsteinkaskaden an den Ohren–, die an eine Säule gelehnt übertrieben gähnte. Das konnte nur Eva sein, und es wunderte mich doch sehr, daß ich sie beim Betreten der Kneipe, einem sehr dunklen Lokal, das so aussah, als wäre es bis kürzlich eine Garage gewesen, und bei dem man fast die Reihen geparkter Autos zu jeder Seite vermißte, nicht nur nicht erkannt, sondern sie vielmehr einfach vergessen hatte.

Theoretisch wollten Ruschinikow und ich beim Verlassen des Studios Stunden zuvor nur einen Schluck trinken gehen und einen Arbeitsplan entwerfen, aber dann begann er mir von seinen Filmen zu erzählen, und ich kannte sie, und er freute sich sehr, und danach hatte ich von Samjatin gesprochen, und er kannte ihn auch, und ich freute mich sehr darüber, und später hatte er von seiner Scheidung von einer Nordamerikanerin erzählt, und ich hatte ihm erklärt, warum ich vor ein paar Monaten entschieden hatte, meinen Jugendfreund zu verlassen, und danach hatte er alle Vor- und Nachteile des Lebens im Ausland aufgezählt, und ich hatte die Pros und Kontras des Verbleibens in der Geburtsstadt zusammengefaßt, und er gestand, daß er ein sehr freches Kind gewesen sei, ich hingegen war eine sehr brave Tochter gewesen, trotzdem hatte er in der Schule sehr gute Noten gehabt und ich auch, und es stellte sich heraus, daß er mich für eine sehr attraktive Frau hielt und ich ihn auch sehr attraktiv fand, nein, aber er sagte das im Ernst, aha ... Und da blieb ich stecken, denn das einzige Bild auf der Welt, das in mir aufstieg, trug das Gesicht Evas und den Körper Evas und das strahlende Lächeln Evas, und deshalb erinnerte ich mich an die Party, war aber kaum in der Lage, sonst noch was zu denken, denn Andrejs Blick zog langsam Kreise von meinen Augen zu meinem Ausschnitt. Dieser Blick ließ mich erröten, und als er mich im Taxi wieder ansah, strahlte sein Gesicht, als wäre es von innen erleuchtet, und spiegelte meines, und er schlug sogar vor, wir sollten unterwegs aussteigen und in irgendeine Kneipe gehen, um weiter über Kino, Bücher, brave und freche Kinder zu reden, aber ich wagte nicht zuzustimmen, ich sagte nichts, und so landeten wir an dem langen Tisch, an dem alle Russen des Filmteams mit ihren Gläsern auf den Tisch klopften, laut anstießen und sie danach in einem Zug leer tranken, andauernd lachten, gelegentlich sangen, und wir gesellten uns zu ihnen, um auf Puschkin und auf Cervantes anzustoßen. Bisher hatte ich keine Musik gehört, aber als das Echo des letzten Anstoßens verhallt war, begann ich, allein um den Tisch zu tanzen. Ich tanzte Salsa, Cumbia und sogar eine Rumba, und alle applaudierten, mir ging es sehr gut, und als ein Bolero von Olga Guillot erklang, ein sehr getragenes Lied, nahm mich Andrej in die Arme. Wir bewegten uns kaum und ohne die Füße vom Boden zu heben, da kam Eva, die so makellos geschminkt, gekämmt und gekleidet diesmal lächerlich wirkte, auf mich zu und bat mich, sie ins Hotel zurückzubegleiten, denn sie sei sehr müde und langweile sich, sie hätte genug, und sie möge weder ihre Arbeit noch dieses Lokal, noch diese Leute, sie verstünde nichts und niemand verstünde sie, und in diesem Moment küßte er mich auf den Mund, und ich erwiderte den Kuß, und Eva brach in Schluchzen aus. »Laß uns gehen, bitte, laß uns gehen, laß uns gehen, bitte, ich bitte dich, laß uns gehen …«

Als ich am nächsten Morgen erwachte, hatte ich das Gefühl, als treibe mein Körper in einem Schwimmbad voller lauwarmer, angenehm feuchter und rosiger Gelatine: Das war ein Kater, aber ein köstlicher, den ich, während das Licht träge durch die Leisten der Jalousie sickerte, gern länger ausgekostet hätte, denn ich war wieder verliebt und mochte mich nicht rühren, nur daran denken, es spüren, mich sachte an das Wunder gewöhnen.

In diesem Augenblick öffnete Eva mit ihrem Schlüssel die

Verbindungstür zwischen unseren Zimmern, schaltete, ohne um Erlaubnis zu bitten, das Licht ein und stöckelte energisch auf mein Bett zu.

»Schüttel mich bitte nicht, ich bin schon wach«, flehte ich. »Und mach das Licht aus, sei so gut. Heute ist Samstag, wir haben nichts zu erledigen, ich denke nicht daran, aufzustehen –«

»Ich muß mit dir reden, Lola«, unterbrach sie mich, und erst dann gab sie mir das göttliche Halbdunkel zurück, dessen Genuß mir ihr Überfall gründlich verdorben hatte. »Ich wollte dir sagen, daß mir das gestern abend überhaupt nicht gefallen hat. Du solltest nicht so viel trinken. Alkohol ist sehr schädlich, weißt du? Er läßt die Haut stumpf werden und macht dick. Wenn ich gefragt werde, wie ich mich pflege, sage ich immer das gleiche: geregelter Lebenswandel, genug schlafen, keine nächtlichen Zechereien, viel Wasser trinken ...«

»Warum kommst du mir jetzt damit, Eva? Ich bin weder Model noch Schauspielerin, noch sonst was. Ich kann mir jede Unregelmäßigkeit leisten.«

»Weil ...« Ihr Selbstbewußtsein war schlagartig verschwunden. »Weil es mir nicht gutgeht, wirklich, ich bin ganz allein, ich ... Es war ein Fehler, diese Rolle anzunehmen, es gefällt mir hier nicht, und Ruschinikow behandelt mich unmöglich, er ist ein Tier, ich weiß nicht ...« Ich hörte unendlich viele Varianten derselben Rede im Laufe des Wochenendes, aber ich wurde kein einziges Mal ungeduldig, denn ich hatte mich verändert. Das Mitleid war mir abhanden gekommen wie ein Geliebter, die Lebenszeit oder alte Jugendfreunde: abrupt und für immer. Ich entdeckte, daß meine plötzliche Unerschütterlichkeit alles viel einfacher machte, und am Montag morgen, beim Warten auf das Produktionsauto in der Hotelhalle, warf mir der Spiegel unverhofft das genaue Gegenteil meines bisherigen Abbilds zurück: Zum ersten Mal seit unserer Ankunft sah Eva nicht besonders gut aus, ich hingegen strahlte.

Dennoch behandelte Andrej sie die ganze Woche über genauso wie vorher, mit derselben Sanftmut, denselben Verhätschelungen, derselben unendlichen Geduld, derselben oberflächlichen und unerklärlichen Koketterie, die seine Laune zwar nicht besserte, aber meine verschlechterte, als wäre jedes Wort und schlimmer noch jedes Schweigen ein gemeiner Seitenhieb. Bei den Proben verstanden wir uns dagegen viel besser, obwohl wir uns nicht wieder allein unterhielten, denn in diesen Tagen erlaubte die Produzentin den Medien, den Dreharbeiten beizuwohnen. Jeden Abend hatten wir eine andere Verpflichtung, und er stand im Mittelpunkt aller Kameras, ich saß zwischen Eva und irgendeinem Journalisten auf einem Sofa daneben. Einen Cocktail für das Fernsehteam, das eine Reportage drehte, einen weiteren für die Gäste der nationalen Tageszeitungen, noch einen für die Korrespondenten der Fachpresse ... Für Donnerstag abend hatten die Organisatoren noch nichts geplant und ich auch nicht, aber als ich schon meine Sachen zusammengepackt hatte und gerade gehen wollte, hörte ich eine Stimme – es war seine – auf englisch sagen:

»Hey du, kleine Spanierin!«

Ich drehte mich um, und er stand breit lächelnd hinter mir.

»Gehst du heute abend mit mir essen?«

Mein Kopf nickte, ohne daß ich es verhindern konnte, genau in dem Augenblick, als der Kameramann ihn am Arm nahm und in die Vorführkabine zerrte.

»Pünktlich um neun«, rief er. »Im Steakhouse hinter dem Hotel!«, und auf spanisch fügte er hinzu: »Vale? – Einverstanden?«

»Einverstanden«, murmelte ich und lachte auf, als mir einfiel, wie neugierig ihn dieser Ausdruck gemacht hatte, den Eva und ich in den ersten Tagen ständig benutzten, aber weiter konnte ich nicht denken, denn von hinten umklammerten mich stürmisch zwei Arme, von einem schrillen, hysterischen Kreischen begleitet, das in meinem Trommelfell dröhnte.

»Hast du das gehört?« Eva sah mich mit einer Miene an, die ich nicht gleich zu entschlüsseln wußte, einer Art wilder Freude, das Gesicht eines Hundes, der nach einem Steak lechzt. »Ich wußte doch, daß der umfallen wird, ich hab's dir ja gesagt ... Was sagte er, wo treffen wir uns?«

»Wer?« fragte ich, als wäre ich blöd.

»Andrej ... Hast du es nicht gehört?«

»Doch.« Ich war nicht fähig, etwas anderes zu sagen. »Ich habe es gehört.«

»Lola, mein Gott, du wirkst wie ein Dummkopf.«

»Ja ...«

»Andrej hat mich zum Essen eingeladen, nicht wahr?«

»Ich weiß nicht. Bist du sicher?« Ich sah ihr in die Augen und konnte nicht einen Funken Zweifel darin finden.

»Natürlich bin ich sicher! Er hat es mir schon vor ein paar Tagen angedeutet, daß ich mich sehr bemühe und daß er sehr zufrieden ist mit mir und daß wir uns an einem der nächsten Tage verabreden müßten, erinnerst du dich nicht?« Ich nickte, das hatte ich selbst übersetzt. »Und jetzt eben hat er es mir gesagt ... Ich habe das mit dem Essen verstanden, *dinner*, oder? Und die Uhrzeit, *nine o'clock*, ich verstehe ihn viel besser als all diese Amerikaner, aber ich habe den Ort nicht mitbekommen.«

»Im Steakhouse hinter dem Hotel.«

Ich wollte sie nicht fragen, in welcher Sprache sie sich beim Essen zu unterhalten gedachte. Ich war sicher, welche auch immer es sein mochte, sie würde sie besser beherrschen als ich.

Als um etwa zehn nach zehn das Telefon klingelte, hatte ich alles getrunken, geraucht und geweint, was es zu trinken, zu rauchen und zu weinen gab, hatte alles, was sich dazu eignete, verflucht – meinen Büstenhalter, das Aerobic, das Erbgut, Coco Chanel –, und ich hatte mehrmals die Redewendungen wiederholt, die ich zum Thema kannte, von *Alle Männer sind gleich!* bis *Wie blöd bin ich eigentlich?* über *Ich werde es nie lernen!* zu *Das war das letzte Mal, ich schwöre es!*, aber mir blieb noch ein Rest Verblüffung.

»Also, ich verstehe das nicht«, wimmerte Eva am anderen Ende der Leitung, so schutzlos wie ein Kleinkind, das nicht begreift, warum es bestraft wird. »Du hättest ihn sehen müssen ... Als ich hinkam, stellte er mir so viele Fragen auf englisch, aber so schnell, daß ich nichts verstand, und dann fragte er mich nach dir, und ich sagte: *I am here, Lola no is here* und lächelte ihn an, aber er war so schlecht gelaunt! Er wollte nichts essen, kannst du dir das vorstellen? Er hat zwei Whiskys getrunken, und dann ist er rausgelaufen zu einem Taxi; er müsse dringend Sergej suchen, glaube ich, ich weiß nicht, ich habe ihn nicht verstanden ... Er hat mich einfach an der Restauranttür stehenlassen, und ich bin zu Fuß zurückgegangen. So was ist mir noch nie passiert, mit noch keinem Typen, ehrlich, noch nie ...«

Als ich auflegte, war ich so nervös, daß ich nichts anderes tun konnte, als im Zimmer hin und her zu laufen, so schnell, als müßte ich pünktlich irgendwo ankommen, bis ich müde wurde und mich ins Bett legte. Vielleicht bin ich ein paarmal eingenickt, aber ich schaffte es nicht, richtig einzuschlafen, klammerte mich an eine verschwommene Pier, die weder Schlaf noch Festland war, und reagierte deshalb nicht, als ich die süßen, weit entfernten Balalaikas hörte, und auch an die Stimmen konnte ich nicht glauben, die noch ein harmonisches Flüsterkonzert waren. Erst als die Stimmen lauter wurden, Absätze auf den Boden knallten, die den Rhythmus des stürmischen und reinen Liedes, das direkt aus dem Innern der Erde zu sprießen schien, nachdrücklich begleiteten, erkannte ich die unverwechselbare Melodie.

Ich sprang aus dem Bett und lief mit zitternden Lippen singend zur Tür. *Kalinka, Kalinka, Kalin* ... Aber ich hätte mir nie, nicht mal im Traum ein ähnliches Spektakel auszumalen gewagt, so großartig, daß mir die Tränen kamen und ich sie nicht aufhalten konnte. Es wurde schon hell. Während sich der Himmel langsam weitete und der Hitze nachgab, sangen sechs verrückte Männer für mich, und er, der Verrückteste von allen, legte für mich einen furiosen, wütenden und leidenschaftlichen Tanz hin, der so stolz war wie seine Saltos und so bescheiden wie seine den Staub berührenden Knie: den Kosakentanz, mit kreisenden Armen, ein Körper, der sich in der Musik auflöste, um der Welt seinen Stempel, sein Gesetz und seine Kraft einzuprägen. Das empfand ich, als ich ihnen zusah, Taras Bulba, Michail Strogow, Peter der Große, und, Gott möge mir beistehen, ich konnte nicht aufhören, gleichzeitig zu weinen und zu lachen, und meine Augen brannten, und meine Haut brannte, und meine Seele brannte, als ich ihn den letzten Sprung machen und müde und schwer vor mir auf die Knie fallen sah, wobei er mein weißes Nachthemd auffliegen ließ.

Dann hörte ich den Applaus, und alles begann in der nächsten Sekunde von neuem, denn das konnte nichts weiter als ein Traum sein, ein prunkvoller und barmherziger Taumel, eine Tücke meiner traurigen Liebe, aber er umfing meine Schenkel mit seinen Armen aus wirklichem Fleisch, ich spürte das Gewicht seines Kopfes in meinem Schoß, und ich hörte ihn sagen:

»*Skaschi ej, schtoby ona uschla* ...« Sag ihr, sie soll gehen, übersetzte ich in Gedanken und sah nach links, und dort stand sie, in der Tür des benachbarten Bungalows, noch mit erhobenen Händen, wie im letzten Applaus erstarrt, während er weiterredete: *»Ne mutschaj menja bolsche, milaja.«* – Quäl mich nicht noch mehr, meine Liebste …

Bevor ich ihn hineinzog, verabschiedete ich mich von der Welt. Das letzte Bild war Evas Gesicht mit gerunzelter Augenbraue, aufgerissenen Augen und offenem Mund, eine Grimasse des Staunens anstelle eines strahlenden Lächelns.

Balkongespräch

Für meine Freundin Angeles Aguilera

> Wenn dich das Leben einmal schlecht behandelt,
> erinnere dich an mich, denn wer nicht müde wird,
> dich zu betrachten, der wird es auch nicht müde,
> zu warten.
>
> *Luis García Montero, Habitaciones separadas*

I

Kein Friedhof ohne Grabesruh, kein Schnösel ohne Collegeschuh, pflegten wir damals zu sagen, aber das Schlimmste waren nicht die abscheulichen, geflochtenen braunen Lederbänder, die erbarmungslos den Rist peinigten, sondern das plumpe Klappern dieser Absätze – tap tap tap tap –, das meinen Schritten viermal am Tag nachstellte, jeden Morgen und jeden Nachmittag, von zu Hause in die Schule, von der Schule nach Hause. Während ich an jeder Ampel den Bürgersteig wechselte, um ihm die Verfolgung wenigstens zu erschweren, fragte ich mich gelegentlich, warum er diese immer makellos glänzenden Sonntagsschuhe, deren Nähte stellenweise schon aufplatzten, so beharrlich Tag für Tag zur Schule anzog. Er hatte diese Absätze nicht nötig, und zu seinen ewig gleichen blauen Nylontrainingshosen wirkten sie ausgesprochen unpassend, aber dieses kleine Detail verwandelte das eher gewöhnliche Rätsel seiner Existenz auch nicht gerade in etwas Geheimnisvolles.

Kein Sender ohne Studio, wie man weiß, und kein Schnösel ohne Radio, und er pflegte sein Radio natürlich in voller Lautstärke ans Ohr gepreßt mitzuschleppen, wenn er, an der Ecke zu meinem Elternhaus lauernd, auf mich wartete. Noch bevor ich den Schatten seiner schmalen, traurigen und hochgewachsenen, aber dennoch so merkwürdig schutzlosen Gestalt sehen konnte, kündigte mir an manchen Nachmittagen dieses melancholische, altmodische Lied, das ihm so gefiel, schon seine Anwesenheit an. Anschließend schlug das Taptap-tap-tap seiner Absätze den Takt zu der herzzerreißenden Liebesschnulze, die uns begleitete: *Das ist einerlei, nichts mehr ist wichtig,* die San-Bernardo-Straße hinunter und wieder hinauf, *alles geht zu E-e-e-n-de,* wie eine Prophezeiung, die sich nie erfüllen würde.

»Ich begreife nicht, wie du das aushältst«, sagte meine Cousine Angeles zu mir, die damals schon durchgesetzt hatte, daß alle ihre Bekannten sie Angelines nannten, eine Madrider Verniedlichung, die sie ausgesprochen schick fand; zu Hause hingegen blieb sie sehr zu ihrem Bedauern weiterhin Angelita. »Jetzt fehlt nur noch, daß dem Typ die Los Módulos gefallen.«

Insgeheim gab ich ihr recht, doch manchmal, ohne daß es mir bewußt war, summte ich dieses schreckliche Lied, *Ich spüre, die Zeit ist gekommen, da du dich von mir entfernen wirst*, denn ich war nicht wie Angelita in einem Dorf bei Jaén geboren, sondern im Milagrosa-Krankenhaus mitten im Madrider Stadtviertel Chamberí; deshalb konnte ich mir gewisse Schwächen erlauben, die ich niemals laut zugegeben hätte. Trotzdem hatte Angelita recht, auch wenn sie eine Landpomeranze war. Der *Macker* wie meine Geschwister ihn zu nennen pflegten, nicht so sehr wegen seiner Körpermerkmale als vielmehr wegen der Hartnäckigkeit seiner ästhetischen Verirrungen – war ein Schnösel. Punkt aus.

Ich habe nie ein Wort mit ihm gewechselt, ich wußte nicht einmal, wie er hieß – Abencio sicherlich oder Aquilino, mutmaßte meine Cousine, vielleicht sogar Dionisio –, noch könnte ich heute sagen, wann genau ich begann, seine auf meinen Rücken gehefteten Augen zu spüren, jenen festen Blick, in dessen verwirrendem, heißen Spiegel ich dreizehn, dann vierzehn, dann fünfzehn und sechzehn Jahre alt wurde. Er war nicht aus unserem Viertel, das wußte ich, er wohnte in Valdeacederas, das ist eine Metrostation ziemlich weit draußen, hinter Tetuán ungefähr, dessen Ruf schon damals so schlecht war, daß es meiner Mutter eine Genugtuung war, sich ihr Leben lang nie aus der unbedeutenden San-Dimas-Straße fortbewegt zu haben.

»Schaut, schaut doch«, pflegte sie auf dem Balkon zu Besuchern zu sagen und sie dazu zu nötigen, den Hals zu verdrehen, bis sie einen ziemlich seltsamen Blickwinkel einnahmen, während sie mit dem Zeigefinger in die Ferne deutete. »Was man da hinten sieht, ist die Kuppel von der Unión & Fénix-Versicherung. Wir wohnen fast an der Gran Vía! Sag ich doch ...«

Wir wohnten natürlich nicht an der Gran Vía, sondern in einem alten, kleinen Stadtteil mit vielen Klöstern und Häusern ohne Portiers, ohne Fahrstühle, ohne Zentralheizung und mit mehr als einem Jahrhundert auf dem Buckel, einem Viertel im Zentrum Madrids – manche nannten es Noviciado, andere Malasaña, San Bernardo, Conde Duque bis hin zu Argüelles die Taxifahrer –, das noch heute keinen endgültigen Namen hat. Hier war mein Vater aufgewachsen, und hier war meine Mutter groß geworden, hier haben sie sich kennengelernt, sich gefallen und verlobt. Genau hier, in der Kirche Condadoras, haben sie geheiratet und dann eine große, baufällige Wohnung gemietet, deren Decken sich vom Gewicht des alten, völlig ausgetrockneten Verputzes wölbten und deren Boden aus kleinen rotweißen Fliesen etwas Unruhiges hatte, eine Wohnung, die ich so nicht mehr kannte, weil bei Mama, noch bevor ich meinen Verstand gebrauchen konnte, ein Renovierungswahn ausgebrochen war. Der Flur, in mehrere gleichermaßen absurde Abschnitte unterteilt, blieb so eng wie immer, das ja, und mein Schlafzimmer, das seinen anmutigen Namen »Kabinett« behalten hatte, war in Wirklichkeit ein winziges fensterloses Kämmerchen. Aber all das bedeutete nicht, daß es Arm und Reich nicht mehr gegeben hätte. Das hätte noch gefehlt, wo kämen wir denn da hin?

»Valdeacederas?« Meine Mutter zog übertrieben eine Augenbraue hoch. »Ui! Das ist ein ganz schlimmes Viertel, zur Hälfte Hütten oder so.«

»Valde was?« mischte sich meine Großmutter ein, die nicht still sein konnte. »Das gehört nicht zu Madrid.«

»Aber sicher, Großmutter! Es gibt sogar eine Metrostation und alles.«

»Metro, Metro! Natürlich wird es eine Metrostation geben, die fährt doch jetzt schon bis Toledo!«

Für Señora Camila, wie sie bis heute im Viertel genannt wird, war Madrid noch immer auf die strikten Grenzen der Stadt beschränkt, in denen sie ihre Jugend verbracht hatte. Es war besser, ihr nicht zu widersprechen, denn schon beim geringsten Anlaß erzählte sie dir, wie sie 1932 durch Zuruf zur Miß Chamberí gewählt worden war, wie ihr ein grünes Band mit goldenen Buchstaben um den Hals gehängt wurde, wie sie damit abends in die Kneipe ihres Vaters gekommen war und mein Urgroßvater ihr eine solche Ohrfeige verpaßt hatte – wegen der Miß –, daß alle fünf Finger eine Woche lang auf ihrer Wange zu sehen waren. Ich hielt also den Mund und erwähnte nie wieder dieses unansehnliche, geheimnisvolle Gespenst, das nur für meinen Anblick zu leben schien. Der Lauf der Zeit und Conchita, die Bäckersfrau, sollten mich für meine Geduld entschädigen.

Der *Macker* war der Enkel von Señora Fidela, einer rüstigen, zänkischen und ziemlich unverschämten Alten mit einem dreisten Mundwerk, die in der Montserrat-Straße/Ecke Acuerdo-Straße wohnte, einen Katzensprung von meinem Elternhaus entfernt. Ihr Mann, ein unbedeutendes Männchen, dessen Taufnamen selbstverständlich niemand kannte – in meinem Viertel schien dies ein absolutes Privileg der Frauen zu sein, und er war eben nie Señor Fulano, sondern der Mann von Señora Fidela –, hatte sein Leben lang als Schuldiener gearbeitet und dadurch einen Platz in der Schule an der De-los-Reyes-Straße für einen so aberwitzig weit draußen wohnenden Schüler ergattert. Ich, die in die Lope-de-Vega-Schule ging, weil mir nichts anderes übrigblieb, mußte entdecken, daß diese Augen nicht so sehr meiner bedurften als vielmehr ich vielleicht nur durch sie existierte.

Als ich die Schwelle des »Topaz« überschritt, betrat ich eine andere Welt. Diese Luxusdiskothek – überall Rauchglas, sogar in den Toiletten, große Spiegel mit Goldrahmen in den Gängen, Sofas so tief wie Ehebetten, sehr schlecht ausgeleuchtete Ecken und, ganz wesentlich, Kellner im Smoking, das Nonplusultra dessen, was ich damals unter vornehm verstand – hatte nichts mehr mit den Kneipen der Innenstadt zu tun, die wir bis dahin auf unseren gemächlichen, stundenlangen Pilgertouren an Freitag- und Samstagabenden wie die Stationen eines Kreuzwegs frequentierten. Natürlich hatten Angelines und ich wenig mit dem Elitevolk aus Chamartín de la Rosa gemein, das in diesem Lokal verkehrte. Ich erinnere mich noch an den ausgesprochen ungemütlichen Eindruck, nicht hierher zu passen; meine Beine kribbelten vor Beschämung, während ich einen Platz suchte, einen Ort, an dem mein Aussehen nicht so hervorstach zwischen den vielen blonden Mädchen mit ihren knackigen Hintern in amerikanischen Jeans und tausend Silberringen an jedem Finger und den vielen hochgewachsenen Typen mit gegeltem Haar in marineblauen Blazern mit Goldknöpfen und aufgenähten Ankern. Die Maritim-Mode, die ein paar Jahre später diese allen Meeren ganz und gar ferne Stadt überschwemmte, war damals noch nicht so verbreitet, aber ich konnte ohnehin keinen Seemannsknoten von normal geknoteten Schuhbändern unterscheiden, und das war eine Tragödie, vergleichbar nur mit den erbärmlichen Lois-Jeans, die meine Mutter mir zu der Zeit hartnäckig kaufte.

Die feinen Pinkel schienen jedoch von der Wiege an darauf gepolt zu sein, einen knackigen Hintern auch in unvorteilhafter Verpackung zu erkennen, denn es dauerte nicht lange, bis der erste vor mir stand, häßlicher und kleiner und dicker als ich – viel alberner als ich –, der aber einen Freund hatte, der den Cousin eines anderen Typen kannte, der viel besser war: ein Blonder, der ein sehr buntes Baumwollhemd mit weißem Kragen und einer Nummer auf dem Rücken trug und sich als Rugbyspieler herausstellte. Er hieß Nacho, studierte BWL und Jura an der privaten Universität der Jesuiten, war neunzehn Jahre alt und hatte einen nagelneuen, graumetallic gespritzten Ford Fiesta mit vielen Extras, abgesehen von der wunderbaren Angewohnheit, alle meine Gin-Tonics zu bezahlen, nach denen mich zwischen Knutscher und Knutscher, so nannten wir damals unsere Küsse, verlangte. Als wir anfingen, zusammen auszugehen, belehrte er mich als erstes darüber, daß das »Topaz« ein echter Schnöselladen sei.

»Zum Anmachen und so ist es nicht schlecht, es gibt jede Menge geile Tanten, aber das Klima ist provinzieller als eine Klatschmohnwiese ...«

Damals begann ich, regelmäßig in eine Kneipe in der Nähe zu gehen, im tiefsten Orense, die den Kaschemmen meines Viertels so ähnlich war wie ein Wassertropfen dem anderen. Es war ein sehr kleines Lokal mit ein paar Tischen und einem immer so belagerten Tresen, daß die meisten Gäste ihr Getränk in einem düsteren, unterirdischen Flur mit Zementwänden tranken. Es hatte keinen Namen, aber alle nannten es Pichurri nach dem Rugbyspieler, der es eröffnet hatte, und schon nach kurzer Zeit hatte ich ausreichend Gründe gefunden, die seinen Ruf als erlesenen Ort untermauerten. Und genau dort, als Gipfel meiner Heuchelei, geschah das Unvermeidliche.

»Ich sag dir, dieser Typ geht mir langsam auf den Sack ...«

Ich tat so, als bemerkte ich nichts, gemäß den Verhaltensregeln, denen ich unbeirrbar gehorchte, seit ich begriffen hatte, daß ich, so weit ich auch mein Viertel hinter mir ließe, seinen Schatten nie würde abschütteln können. Neben mir rang Angelines so erbittert die Hände, als wolle sie sich wund scheuern, und mein gesunder Menschenverstand sagte mir, daß Nacho recht hatte, daß es reichte: Jeden Abend das gleiche mysteriöse Erscheinen dieser einsamen, scheuen Gestalt, der ich nie entkommen konnte, dieser zusammengekauerte Körper, der an jeder Ecke Schutz zu suchen schien, mit hängenden Armen, eingezogenen Schultern und gesenktem Kopf als perfekte Tarnung für zwei Augen, die sich nie änderten, Augen, so hart wie Steine, so tief wie Brunnen, so leuchtend und schneidend wie zwei Messer.

»Was glotzt du so, he, du Scheißkerl? Darf man erfahren, was du so glotzt, he? Ich baller dir gleich eine!«

Ich verzog mich auf die Toilette, um mir das Massaker nicht ansehen zu müssen, aber bevor ich sie erreichte, hörte ich die Schläge und ein ersticktes Aufheulen. Als ich zurückkam, schrie Nacho noch immer, er kreischte wütend wie ein

Schwein im Schlachthaus, und bevor der *Macker* mit aufgeplatzter Augenbraue und bluttriefender Nase durch die Gewölbe des »Azca« davonrannte, hielt er, einen neuerlichen gezielten Schlag riskierend, kurz inne, drehte sich um und sah mich an. Ich fing seinen letzten Blick auf, und plötzlich hätte ich am liebsten losgeheult.

In jener Nacht war ich unfähig, Nacho zu küssen, ihn zu berühren, auf die flüchtigste Liebkosung seiner Finger zu antworten. Ich sagte nichts, denn ich wußte, daß er es nicht verstehen würde. Ich verstand es auch nicht, aber am nächsten Tag machte ich Schluß mit ihm.

Ein paar Monate später lernte ich meinen zweiten Freund kennen, der Borja hieß, ein Segelschiff auf Mallorca hatte und eine große Vorliebe für Pozuelos Terrassencafés pflegte, wo ich in einem davon Charlie kennenlernte, der sein Studium geschmissen hatte, um ein Fitneß-Studio zu eröffnen, und der wiederum stellte mich seinem Cousin Jacobo vor, dessen Vater ein ewiger Aspirant auf den Präsidentenplatz von Real Madrid war und der mich einmal in den Sommerferien in ihr riesiges Haus an einem wunderbaren weißen, einsamen Strand am Kantabrischen Meer einlud, wo ich mich den ganzen Monat nicht ein einziges Mal traute zu baden, weil die Wassertemperatur schon die Zehen vor Kälte blau anlaufen ließ.

Ich heiratete weder Jacobo noch Charlie, noch Borja, noch Nacho, aber ich hätte beinahe Miguel geheiratet, wenn er nicht so lange gezögert hätte, mich seinen Eltern vorzustellen, einem Karrierediplomaten und Gattin, denen gegenüber er einen fast an Furcht grenzenden Respekt empfand – ziemlich demütigend für einen fast dreißigjährigen Mann. Ich studierte inzwischen Chemie, doch ungeachtet der Begeisterung meiner Mutter, die mich schon in Weiß in der Jerónimoskirche sah, spürte ich jeden Morgen beim Aufstehen, daß ich meiner Großmutter immer ähnlicher wurde, und ich begriff langsam, daß all diese vermögenden Familien, die fast immer aus Santander stammten, im Grunde so provinziell waren wie Angelita, die sich schließlich in Alcalá de Real einen fabelhaften Freund zugelegt hatte und es sich durchaus vorstellen konnte, eine Zeitlang im Dorf ihres Vaters zu leben, so wie es ihre Mutter früher trotz der pechschwarzen Prognosen meiner Mutter jahrelang getan hatte.

»Wird dir das nicht zu eng, wenn du dahinziehst?« fragte ich sie einmal.

»Ich weiß nicht«, antwortete sie. »Also, ich komme eigentlich gar nicht aus dem Bett raus ...«

»Du wirst schon rauskommen«, beharrte ich. »Und dann mußt du den Klatsch und die Nachbarinnen ertragen, und wenn du zu kurze Röcke trägst–«

»Also, hör auf!« unterbrach sie mich. »In deinem Aravaca geht es doch den lieben langen Tag um nichts anderes als hier ein Barbecue und dort ein Barbecue und wieviel verdient dein Mann und wieviel meiner und dann ein paar Partien Squash und zum Turnen mit Menganita und dann den Clown anrufen für die Kinderpartys, um nicht schlechter dazustehen als Piluca, die einen Magier engagierte ... Wenn ich genug habe, packen wir unsere Sachen und kommen her, aber du, wohin wirst du von Aravaca schon gehen? Und ich erwähne gar nicht erst, daß mein Freund viel besser ist als deiner, Schätzchen.«

Das stimmte und fast alles andere auch. Miguel weigerte sich, in der Stadt zu leben, aber was er »Land« nannte, war eine unerträgliche Ansammlung dünkelhafter Villenkolonien. Ich schämte mich, kein efeubewachsenes Haus mit Garten zu haben, kein Fischerdörfchen in der Nähe, keine Weide, keine Wiese, keinen Strand, an dem man Urlaub machen konnte, statt dessen nur einen Balkon, ein winziges gekacheltes Zipfelchen, auf das man in Sommernächten eine kleine Bank stellen konnte, um mit der Großmutter die kühle Abendluft zu genießen, wo der im Winter aus dem Hof aufsteigende Geruch nach gekochten Kichererbsen im Sommer vom gleichförmigen Widerhall des Straßenlärms abgelöst wurde. Ich war noch gar nicht ausgezogen und vermißte schon alles; dennoch war es nicht nur die Landschaft meines Lebens, die nicht stimmte. Ich brauchte lange, bis ich begriff, warum ich mit allzu leichten Schultern herumlief, warum ich den Eindruck hatte, meine Füße trügen kein Gewicht, als wäre kein Körper dazu fähig, sie auf den Boden, den sie beschritten, zu drücken. Alle meine Handlungen erschienen mir wie provisorische Lösungen, Flickwerk, das einen Zusammenbruch nicht verhindern konnte, doch der Boden begann nachzugeben, als ich es am wenigsten erwartete.

Miguel und ich fuhren zum Haus seiner Eltern, die mich endlich zum Abendessen eingeladen hatten. Ich betrachtete durch das Seitenfenster das eintönige Schauspiel der Capitán-Haya-Straße, die aneinandergereihten gläsernen Türme, zu beiden Seiten der Bürgersteige völlig identische Garagen und Gärten, die Palmen vor den Eingängen, Renommierstücke der Neureichen, die mich nicht mehr beeindruckten. Eine Linksdrehung katapultierte mich in eine Straße, in der ich noch nie gewesen war, aber es war mir egal, denn sie sah aus wie alle anderen, und noch mal nach links und noch weiter und weiter und jetzt langsamer, denn wir suchten einen Parkplatz und fanden keinen, und alle Straßen, alle Fassaden, alle Ecken schienen identisch zu sein, aber plötzlich, nach der zigsten Runde, die um einen luxuriösen Häuserblock herumführte, war ich zu Hause, in einem ursprünglichen Viertel mit einer Anmutung von altem Dorf, das plötzlich wie von Zauberhand aus dem Boden gewachsen zu sein schien: Billige Läden, mehrstöckige Gebäude, von den Balkonen klang Rumbamusik herab, und Frauen in Hauskleidern kauften Brot, über dem Eingang einer Metrostation ein vertrauter Name, fünf Silben, die mir schmerzlich ins Auge sprangen.

»Halt an«, sagte ich. »Ich steig hier aus.«

»Wie du willst ... Meine Eltern wohnen gleich da hinten, am anderen Ende des Häuserblocks, warte ...«

»Du verstehst nicht«, erklärte ich, während ich schon die Tür öffnete. »Ich werde nicht mit zu deinen Eltern kommen. Ich fahre zurück nach Hause, mit der U-Bahn.«

Ich setzte die Füße fest auf, spürte den Asphalt unter meinen Fußsohlen und empfand eine merkwürdige Rührung, als hätte ich beim Entdecken des Geheimnisses dieser Stadt mit den zwei Gesichtern den Schlüssel zu meinem Leben gefunden, und erst da beugte ich mich hinunter, um mich durch das Seitenfenster zu verabschieden.

»Du siehst mich nicht, Miguel«, sagte ich langsam, obwohl ich sicher war, daß er mich nicht verstehen würde. »Denn du bist nicht fähig, mich zu sehen.«

Dann schlossen sich die Arme der Metrostation Valdeacederas um mich, wie es nur Mutterarme können.

2

Beim Schlußverkauf hatte ich noch nie Glück.

Während die Rolltreppe meinen Beinen die Arbeit abnahm, fragte ich mich, warum es mir nie gelang, auf den Wühltischen ein Schnäppchen zu machen, warum mir immer eine zuvorkam. Ich versprach mir selbst, nie wieder in die Falle zu tappen, nie wieder vor der Umkleidekabine Schlange zu stehen, als ich auf ein dunkelhaariges Mädchen aufmerksam wurde, das die Haare zu einem langen, dicken Zopf geflochten trug, wie ich als Kind, und dann, zwischen dem dritten Stock – Herrenbekleidung – und dem zweiten – Alles für die Dame –, hatte ich das Gefühl, daß ein hinauffahrender Typ sie anstarrte, was mich ärgerte, und dann ärgerte ich mich darüber, daß mich das geärgert hatte, denn diese absurde Reaktion machte mir mein Alter viel deutlicher bewußt als der Badezimmerspiegel an einem verkaterten Morgen. Ich sagte mir, der Typ sei ein Scheißkerl, und hob den Kopf, um ihn anzusehen, aber der hatte gar nicht das Gesicht eines Scheißkerls, und außerdem war es auch noch er.

Unsere Blicke kreuzten sich, er zog die Augenbrauen hoch, wandte dann aber den Blick ab; er hatte mich nicht erkannt, und obwohl ich Angst vor der Antwort hatte, mußte ich mich fragen, ob ich mich seit jenem Tag im Sommer siebenundsiebzig oder vielleicht achtundsiebzig – ich erinnerte mich nicht einmal mehr an das genaue Datum – nicht ebenso verändert hatte wie er. Es waren mehr als fünfzehn Jahre vergangen, und wer ihn ansah, wäre nie auf den schändlichen Spitznamen gekommen, den wir ihm als Jugendliche gegeben hatten. Einzig den Ausdruck vorzeitiger Melancholie, der früher alle seine Bewegungen traurig gefärbt hatte, hatte er sich bewahrt; er ging noch immer mit eingezogenen Schultern und gesenktem Kopf, doch sein Haarschnitt, das Sakko aus melierter Wolle, die Schnürlederschuhe, die braune Lederbrieftasche – stark abgenutztes echtes Leder –, die er in der Hand hielt, verrieten jene eigenwillige absichtliche Nachlässigkeit, die immer auch ein bißchen Eleganz birgt. Es geht ihm gut, dachte ich, während ich, immer zwei Stufen auf einmal nehmend, die Rolltreppe in Gegenrichtung hinaufeilte, ohne mir im klaren darüber zu sein, daß ich ihm nachlief. Ich entdeckte ihn beim Kauf von einfarbigen granatroten, grauen und schwarzen Strümpfen.

Er zahlte mit Kreditkarte und ging zu den Rolltreppen zurück, ich hinter ihm her. Ich verließ das Kaufhaus nach ihm in Richtung Preciados-Straße, und ohne ihn aus den Augen zu lassen, wich ich ein paar Straßenmusikanten, einer tanzenden Ziege und dem Stand eines Hütchenspielers aus. Er ging die Gran Vía hinunter, an einem Kino, dann an noch einem und noch einem vorbei, bog in die San-Bernardo-Straße ein, und ich folgte ihm, wir gingen durch dieselbe Straße, durch die wir so oft gegangen waren, aber diesmal unter Umständen, die ich mir damals nie vorzustellen gewagt hätte. Ich duckte mich vorsichtshalber hinter Straßenlaternen, während er ohne sich umzudrehen weiterging bis zur Ecke San-Vicente-Ferrer-Straße, wo er abrupt eine Vierteldrehung machte. Ich blieb stehen und wußte nicht wohin, sah ihn mit vier großen Schritten die Straße überqueren, immer mit starrem Kopf, als ob er sich nicht um den Verkehr kümmerte, und dann blieb er plötzlich auf dem Bürgersteig gegenüber stehen.

Er drehte sich ganz langsam um, hob bedächtig den Kopf, sah mich an, und da wußte ich, daß er mich immer wiedererkennen würde.

Ich brauchte vier Tage und fünf Nächte für meinen Entschluß und noch zwei weitere Morgen, bis ich mich traute, die Tür der Bäckerei aufzustoßen, ohne so richtig zu wissen, was ich sagen würde, wo ich anfangen sollte nach den unerläßlichen Begrüßungsküßchen und Umarmungen, den Beileids- und Glückwünschen, aber Conchita gab mir von sich aus das Stichwort – »Na so was, nicht zu glauben, du bist aber elegant geworden! Kein Wunder, daß du nicht mehr hereinschaust ...« – und erhielt zum Ausgleich eine etwas übertriebene Version meines Lebens, die überwiegend aus einer ziemlich dramatischen Beschreibung des viel zu großen

Appartements in der Martín-de-los-Heros-Straße bestand, dessen Miete – log ich – mehr als die Hälfte meines Gehalts verschlang.

»Ich bin am Überlegen, ob ich wieder hierherziehe«, fuhr ich mit einer Unbefangenheit fort, die mich selbst überraschte, »um hier irgendwas Kleineres zu finden ... Ich nehme an, ich bin nicht die einzige, von den Kindern seinerzeit meine ich ... Mein Bruder erzählte mir vor ein paar Tagen, daß er den Enkel von Señora Fidela aus einem Hauseingang in der San-Vicente-Ferrer-Straße hat kommen sehen.«

Sie sah mich verständnislos an, und ich sagte mir, es sei vielleicht besser so, aber dann begriff sie und bestätigte Punkt für Punkt alle meine Verdachtsmomente. Natürlich, ja, Juanito sei zurückgekommen.

»Mit anderen Worten«, murmelte ich für mich, »er heißt Juan.«

»Natürlich! Wie schon als Kind. Wie sollte er denn deiner Meinung nach heißen?«

»Natürlich, klar ... Und was macht er jetzt?«

»Nun, ich weiß nicht genau. Er gibt Seminare an der Universität oder so was Ähnliches ...«

Herauszufinden, was genau er unterrichtete, gestaltete sich etwas komplizierter, denn meine Gesprächspartnerin erinnerte sich nur daran, daß sein Fach mit A begann. »Ich weiß nicht, mein Kind ... Ihr habt jetzt alle so seltsame Berufe ...« Als erstes fiel mir Architekt ein – »Nein, Mädchen, sag schon ...« Ich fragte, ob er Anwalt sei – »Aber was sagst du da! Nein, nein ... Viel wichtiger als das.« Und so schloß ich gemäß ihrer eigenwilligen Prestigeskala Agraringenieur, Arzt, Allergologe, Astrologe, Aerostatiker, Astronaut, Agronom, Anglist, Astronom, Astrophysiker, Archäologe und ich weiß nicht wie viele -ologen aus.

»Aber, meine Liebe», sagte sie schließlich. »Du mußt das doch wissen, die sieht man manchmal auch im Fernsehen, wenn sie von den Wilden und so reden ...«

Ich verstand sofort, was sie sagen wollte, konnte aber nicht gleich antworten, als wäre diese Möglichkeit unwahrscheinlicher als die vorher aufgezählten, und ich konnte auch nicht verhindern, daß meine Stimme bei der ersten Silbe ein wenig zitterte.

»An-thro-po-lo-ge?« fragte ich ganz langsam, und Conchita hob die Hände und stieß einen Jubelschrei aus.

»Genau!«

»Der *Macker* ist Anthropologe?« fragte ich erneut.

»Ja«, antwortete sie, um dann leicht beleidigt hinzuzufügen: »Ich habe dir doch gesagt, daß er Juanito heißt.«

»Anthropologe, der *Macker*!« flüsterte ich. »Wer hätte das gedacht!«

Conchita zog eine Nagelfeile aus der Kassenschublade, setzte sich auf einen Schemel hinter dem Verkaufstresen und begann ihre Maniküre, als wäre sie allein, aber noch während ich nach einer Abschiedsfloskel suchte, verkündete sie abschließend und für mich völlig unerwartet:

»Er ist noch nicht verheiratet.«

»Und warum erzählst du mir das?«

»Nur so ...« Sie blickte auf. »Nur so.«

Ich bin sicher, er würde mir nie glauben, daß es Zufall gewesen war, aber es ist trotzdem so, daß ich einen anderen Balkon, eine andere Fassade, eine andere Wohnung vorgezogen hätte, einen geringfügigen Höhenunterschied zumindest, irgendeine Distanz. Es waren noch keine drei Monate vergangen, als mich das Maklerbüro benachrichtigte; ich war nicht mehr sechzehn, die Zeit verging zu schnell und gleichzeitig zu langsam – zu schnell, um sie aufzuhalten, und zu langsam, um an wer weiß was zu verzweifeln, das man nicht vollständig besitzen kann.

Die junge Maklerin zog die Augenbrauen hoch, als ich sie bat, mir die Balkone zu öffnen. Ich wanderte durch die halbdunklen Räume, die auf die Straße hinausgingen – ein Kabinett, das Wohnzimmer, ein weiteres Kabinett, das Schlafzimmer, noch ein Schlafzimmer –, und ohne auch nur einen flüchtigen Blick in die Küche und das Bad zu werfen, die, so frisch renoviert sie auch sein mochten, zu einer unwichtigen kleinen Seitenstraße hin lagen, nickte ich zustimmend. Die Männer des Umzugtransports nötigte ich, bei elektrischem Licht zu arbeiten, danach rückte ich die Möbel bei verschlossenen und verriegelten Fensterläden an ihren Platz, darauf hoffend, daß sie sich in den Raum einfügten. An dem Tag, als ich mich sicher genug fühlte, kaufte ich mir nach der Arbeit einen Blumenstrauß. Ich stellte die Vase auf einen in vorteilhaftem Winkel stehenden Tisch und öffnete erst dann langsam die Fensterläden des Wohnzimmerbalkons. Auf meinen Lippen zeichnete sich ein Lächeln ab, dessen ich mir nicht wirklich bewußt war. Auf der anderen Straßenseite, auf dem Balkon im dritten Stock eines schräg gegenüberliegenden Gebäudes stand er. Er sah mich an und schien mir zuzulächeln.

Innerhalb kurzer Zeit fand ich eine Menge heraus, aber das war mir schon bald nicht mehr genug. Juan – ich sprach ständig seinen Namen aus, manchmal stumm, manchmal laut, bis ich mich daran gewöhnt hatte, ihn so zu nennen – war sehr unordentlich, aß wenig, schlief noch weniger und ging jeden Abend aus, obwohl er früh aufstehen mußte, denn er hatte morgens Unterricht. Nachmittags war er meist zu Hause und schaute zu mir herüber. Gelegentlich kam er mit einem Buch in der Hand an die Balkontür oder redete lange am Telefon, ohne den Blick vom Fenster abzuwenden, und beobachtete die geringste meiner Bewegungen, wie früher, als wir klein waren. Ich hatte die grünen Rolläden immer hochgezogen und verlor schon langsam die Geduld, zweifelte daran, ob ihm der armselige Sieg, mich wie ein dreidimensionales Abziehbild stundenlang auf dem Balkon sitzen zu sehen, genug sei, aber ich bemerkte keinerlei Zeichen weiterer Absichten. Eine Zeitlang blieb ich standhaft. Dann hielt ich es nicht mehr aus und begann, mir eine Reihe möglicher Taktiken auszudenken, alle gleichermaßen unsinnig. Um ein Schild auf den Balkon zu stellen, war ich zu schüchtern, seine Telefonnummer herauszufinden und ihn anzurufen brachte ich nicht über mich, einfach über die Straße zu gehen und um eine Tasse Zucker zu bitten war physisch unmöglich, denn meine Beine wären, noch bevor sie mich zu seinem Eingang getragen hätten, für immer angewurzelt geblieben. Zum Schluß entschied ich mich, mein Wohnzimmer auszuräumen. Ich schob alle Möbel in den Flur, holte aus der Küche einen Hocker, stellte ihn vor das Balkonfenster und setzte mich tatenlos hin. Ich vertraute darauf, daß er dies verstünde, er hatte mein Verhalten immer zu interpretieren gewußt, doch als ich den Kopf hob, hielt sein Blick dem meinen kaum ein paar Sekunden stand.

Ich brauchte mich nicht zu sorgen, denn er kam sofort zurück, öffnete beide Balkonflügel, stützte sich auf die Balkonbrüstung und sah mich an. Ich imitierte seine Bewegungen, eine nach der anderen; anfangs erkannte ich die Melodie nicht wieder, aber meine Erinnerung reagierte schneller als ich, *Ich spüre, die Zeit ist gekommen,* seine Lippen bewegten sich ganz nah auf der anderen Straßenseite, aber ich konnte ihn nicht verstehen, *da du dich von mir entfernen wirst;* mir wurde bewußt, daß ich seine Stimme nicht kannte, daß ich ihn nie hatte sprechen hören, und ich hatte Lust, ihn zu rufen, seinen Namen zu rufen, *das ist einerlei*, aber ich wagte nicht, auch nur einen einzigen Laut von mir zu geben, *nichts mehr ist wichtig* und erst beim Refrain fiel ich in das Lied ein, *alles geht zu E-e-e-n-de*. Danach blieb ich lange Zeit ruhig stehen, beide Hände an die Brüstung geklammert. Ich schaute ihn an und lächelte ihm beinahe zu.

Es wurde wärmer, und zwischen unseren beiden offenen Balkonen verwandelte sich dieses Lied in eine Losung. Das übrige geschah später, ganz plötzlich. Es war sehr heiß in jener Juninacht, die Luft war bleiern und stickig, und über dem aufgeheizten Himmel, der nicht dunkel werden wollte, schien der Mond zu pulsieren. Er auf der anderen Straßenseite stellte seine Anlage lauter, und ein Klagelied ertönte, ein herzzerreißendes Klagelied wie das Echo der Verzweiflung. Ich ging auf den Balkon hinaus, und die Stimme des Sängers klang genau wie immer, aber ich hörte sie anders als früher und fing an, meine Bluse aufzuknöpfen, ohne zu bemerken, daß dies die erste spontane Geste war, seit ich in dieser Wohnung wohnte, das erste Wort, das ich nicht geplant, einstudiert und sorgfältig erwogen hatte. Meine Bluse fiel zu Boden, und ich öffnete meinen Rock, er schaute mir zu, seine Augenbrauen waren zwei perfekte gleichförmige Bogen, als hätte sie jemand über seine starren Augen in Stein gemeißelt, ich zog mich ganz aus, ohne den Blick von ihm zu wenden. Er schaute mich weiter an, bewegte sich aber nicht, schaute mich an, aber er stand noch immer auf dem Balkon wie eine Puppe, wie eine Statue, wie ein Toter.

Ich senkte die Lider, Tränen schlüpften unter ihnen hervor, stürzten und kullerten über mein Gesicht, um den endgültigen Mißerfolg zu besiegeln. Ich mußte mich in meine eigene Haut zurückziehen, gegen die Wehrlosigkeit kämpfen, die mich zu Boden drängte, ich wollte niemanden mehr sehen, nichts, gar nichts, nie wieder, aber dann sah ich den leeren, verlassenen Balkon, und mein Herz schlug rasend bis zum Hals.

Ich schaute über die Brüstung. Mit hocherhobenem Kopf und endlich gestrafften Schultern kam er über die Straße.

Mutterliebe

Das ist sie, erinnern Sie sich nicht, meine Tochter Marianne, die junge Frau da neben mir auf dem Dia, ja die … Also, ich geh mal aus dem Bild, damit Sie sie besser sehen können … Natürlich, ich wußte, daß Sie sich erinnern würden, wo sie mir doch viele Jahre solche Scherereien und Sorgen gemacht hat, das können Sie sich gar nicht vorstellen, oder doch, vielleicht können Sie es sich doch vorstellen, denn wenn mir das Schicksal nicht eine solche Tochter beschert hätte, würde ich nicht jeden Montag und jeden Donnerstag an diesen Treffen teilnehmen, ohne auch nur einmal gefehlt zu haben … Und Sie wissen ja gar nicht, wie niedlich sie als kleines Mädchen war, wirklich, so niedlich, ein Schatz von einem Kind, fröhlich, artig, ordentlich, gehorsam. Wenn ich sie als Baby in ihrem Kinderwagen spazierenführte, brauchte ich für hundert Meter mehr als eine halbe Stunde, ehrlich, denn sie war so moppelig, so blond, so rosig anzusehen, so hübsch, alle Frauen blieben stehen, um sie zu bestaunen, sie streichelten ihr die Händchen, sie hätschelten sie und warfen ihr Küßchen zu, all diese Dinge, die man mit Kindern tut, wenn sie so hübsch gedeihen wie dieses, das wie ein Modell aus einem Nestlé-Werbespot wirkte, genau so sah sie aus. Als sie schon etwas größer war, spielte sie in der Schule bei der Weihnachtsaufführung jedes Jahr die Jungfrau Maria – aber jedes Jahr, nicht wahr, nicht nur ein oder zweimal, Sie werden es nicht glauben, wirklich jedes Jahr, ich war so stolz auf sie! –, und wenn sie abends die Schuluniform auszog, waren Kragen und Manschetten der Bluse noch genauso sauber wie morgens beim Anziehen, aber wirklich, ganz genauso weiß. Meine Marianne machte keinen wilden Sport, sie wälzte sich weder auf dem Boden herum, noch prügelte sie sich mit ihren Mitschülerinnen, ach wo, nichts dergleichen. Sie war eine Musterschülerin, alle ihre Lehrerinnen bestätigten das, so sympathisch, so offen, so umgänglich, sie war, wie man so schön sagt, zu allen freundlich. Wer von uns, die Lehrerinnen und ich, hätte für möglich gehalten, daß mit der Zeit das Hauptproblem meiner Tochter genau darin bestehen würde, daß sie sich tatsächlich mit jedem einließ?

Mit Beginn der Pubertät veränderte sie sich, das ist wahr. Noch vor ihrem zwanzigsten Lebensjahr machte sie mir schon fürchterliche Szenen, wurde fuchsteufelswild, ehrlich, sie schrie und stampfte auf den Boden, sie machte mir entsetzliche Schande, wie peinlich, alle Nachbarn konnten sie hören, für mich war das sehr schlimm ... Schließlich ging sie ohne meine Erlaubnis aus und schrie, daß sie es satt hätte, nichts zu dürfen. Nichts! Ist das zu glauben? Sie sagte mir, daß sie nichts dürfte, und ich konnte nur weinen ... Wie grausam, wie undankbar Kinder doch sein können! Ich glaube, damals fing ich an, mir das eine oder andere Gläschen zu genehmigen, das gebe ich zu, ich weiß, daß das nicht gut ist, aber Marianne war da draußen, auf der Straße, umgeben von Gefahren, und ich konnte es nicht ertragen, das ist die Wahrheit, mir stockte der Atem, wenn ich an die Gefahren dachte, denen mein Mädchen ausgesetzt war, allein unter Fremden in Kellerlokalen mit dieser stickigen Atmosphäre, der rauch- und alkoholgeschwängerten Luft, voller schwitzender Männerkörper, diese riesigen feuchten Flecken, die ihre dunklen Hemden zweifellos aufwiesen, wenn sie die

Arme hoben, um sich diesen höllischen Rhythmen hinzugeben, und die Motorräder, davor hatte ich am meisten Angst, daß Marianne sich auf ein Motorrad setzte, wo es doch überall so viele Unfälle gibt und Vergewaltiger und Mörder und Drogenabhängige und Ausländer, das ist doch unerhört, unerhört ist das, einen Engel großzuziehen, um ihn dann ein Leben in der Hölle führen zu sehen, und da behaupten sie noch, die Mutterschaft sei kein Drama ... Kurzum, das war kein Leben, ich schwöre Ihnen, das war wirklich kein Leben, und sehen Sie, ich hatte alles versucht, alles, um sie zurückzuhalten, aber sie weigerte sich, ihre Partys wie früher zu Hause zu feiern, sie sagte, ihre Freundinnen wollten nicht mehr kommen – wo mir doch die pikant gefüllten Hörnchen so gut gelingen, weil ich sie auf beiden Seiten mit Butter bestreiche – wie undankbar sie war! Und dann ließ sie mich allein, und ich trank ein Gläschen und dann noch eins und noch eins, bis ich um zehn oder halb elf nachts ihren Schlüssel quietschen hörte, denn diese unverschämte Person kam nie früher nach Hause, obwohl sie ganz genau wußte, daß ich gerne um halb neun zu Abend esse ...

Natürlich sollte das Schlimmste erst noch kommen. Das Schlimmste war gerade mal einssiebenundfünfzig groß, hatte langes schwarzes Kraushaar und ein eigenwilliges Gesicht, an den Seiten frei, und in der Mitte konzentrierten sich alle Merkmale, Augenbrauen, Augen, Nase, Wangenknochen und die Lippen – sehr wulstige Lippen, ausgesprochen wulstig, ich schwöre es Ihnen, eigentlich wie die eines Affen – alles strebte so aufeinander zu, als wollte es sich übereinanderschieben, sich vereinigen, sich zusammendrängen, sich den Raum streitig machen. Er hieß Néstor Roberto, spielte Trompete – das hatte gerade noch gefehlt, mit diesem Mund! – und war in El Salvador geboren. Ein Salvadorianer! Können Sie sich das vorstellen? Ein Salvadorianer! Also, nun sagen Sie mir, kann eine europäische Mutter ruhig bleiben, wenn sich ihre einzige Tochter mit einem Salvadorianer einläßt? Natürlich nicht. Deshalb sagte ich Marianne, sie müsse sich entscheiden. Und Marianne entschied sich und zog mit dem Salvadorianer zusammen.

In den folgenden drei Jahren sah ich sie nur gelegentlich sonntags zum Essen. Ich gebe zu, daß sich meine schlechte Angewohnheit verschlimmerte – ich ging zu Cognac über und zwang mir kein tägliches Maß mehr auf, ich kippte das eine oder andere Glas schon morgens –, aber ich darf zu meiner Entlastung sagen, daß sich die schlechten Angewohnheiten meiner Tochter sehr viel mehr zuspitzten als meine. Nach dem Salvadorianer kam ein Pakistani, nach dem Pakistani ließ sie sich mit einem Algerier ein, und diesen Neger verließ sie schließlich wegen eines Terroristen – eines nordamerikanischen Aktivisten, wie sie sagte, diese Wortklauberin – aus der Black-Power-Bewegung. Also, dieser letzte kam mir irgendwie bekannt vor, war der nicht Leichtathlet oder Basketballspieler oder Jazzmusiker?, dann könnte er ja eine Menge Knete haben und meine Tochter hätte doch nicht ganz den Verstand verloren, seine Hautfarbe ist zwar ein wichtiges Detail, wäre aber vielleicht doch nicht ... Hätte ich bloß nicht nachgefragt, barmherziger Gott, warum bloß, Jesus, Maria und Josef, habe ich nachgefragt? »Nein, Mama«, sagte Marianne, »er kommt dir bekannt vor, weil er vor ein paar Jahren in New York für einen berühmten Fotografen Modell stand, für den, der an Aids gestorben ist ...« Ich begriff nicht, und sie nannte einen unaussprechlichen Namen, »aber ja doch«, fuhr sie fort, »der ist doch jetzt so gefragt, weil seine Ausstellungen zensiert wurden ...« Als sie mir die Fotos zeigte – und die suchte sie noch sorgfältig aus, von denen hatte sie in ihrer Tasche mindestens doppelt so viele, ich bin doch nicht blöd –, nun ja, als ich diese Fotos sah, glaubte ich sterben zu müssen, ohnmächtig zu werden glaubte ich, aber sie sprach weiter, als wäre nichts geschehen, ohne zu begreifen, daß sie mich umbrachte, daß ich bei jedem ihrer Worte starb. »Mach nicht solch ein Gesicht, Mama«, sagte sie, »die Fotos sind doch von damals, als er in Amerika lebte. Er war homosexuell, das ist richtig, aber jetzt mag er auch Frauen. Mach dir keine Sorgen um mich, hörst du, ich war noch nie so glücklich ...« Das sagte sie zu mir, daß sie noch nie so glücklich gewesen sei, und ich war drei Tage lang betrunken, drei volle Tage, ich gebe es zu, und dann rief sie mich an und erzählte mir, daß sie mit ihm auf dem Motorrad nach Moskau in den Urlaub fahren würde. Ich war nicht einmal mehr fähig, mir Sorgen zu machen.

Sie werden verstehen, daß für mich der Unfall wie ein Geschenk der göttlichen Vorsehung war. Marianne war wieder zu Hause, in ihrem Bett, umgeben von ihren Puppen und Stofftieren – die wie neu waren, denn nachdem sie mich verlassen hatte, habe ich sie weiterhin von Hand und mit neutralem Waschpulver gewaschen, ich bürstete sie und alles, sie sahen wirklich wie neu aus –, in einem himmelblauen Nachthemd, auf das ich selbst ein gehäkeltes Lätzchen aufgenäht hatte und darüber ein passendes Wolljäckchen, auch von mir gehäkelt, mit anderen Worten, genau, ganz genauso wie als Kind, allerdings mit etlichen Knochenbrüchen. Wenn sie schlief, saß ich an ihrem Bett, sah sie an und war so glücklich, daß ich zur Feier des Tages ein Gläschen trank. Wenn sie wach war, klagte sie unentwegt über schreckliche Schmerzen, ich konnte es nicht mehr ertragen, ich ertrug es nicht, sie so zu sehen, mein Mädchen so jung und so leidend, so daß ich noch ein Glas trank, um mir Mut zu machen, und ihr ein paar Tabletten mehr verabreichte. Der Arzt wurde ziemlich lästig, er hatte mich hundertmal darauf hingewiesen, wie gefährlich es sei, die Dosis zu erhöhen, weil dieses

Beruhigungsmittel abhängig mache, aber was wissen Ärzte schon vom Schmerz einer Mutter! Die Tage vergingen, und Marianne ging es besser, ihr Gesicht bekam wieder Farbe, die Wunden auf ihrer glatten weißen Haut heilten, und sie war wieder wie früher, artig und sanft, süß und folgsam, ich steckte ihr diese wunderbaren Pillen in den Mund, neigte ihren Kopf, damit sie sie runterschluckte, gab ihr einen Schluck Wasser und sah sie danach prüfend an, und sie lächelte mich mit leeren Augen an, sie war so genügsam und widersprach mir nicht mehr, jetzt nicht mehr, niemals mehr, sie schlief lange wie damals als Baby. Abends setzte sie sich zu mir vor den Fernseher, und es kam ihr nie in den Sinn, den Sender zu wechseln, alles gefiel ihr, wir beide zusammen und wieder glücklich, genau wie früher.

Als diese Hexe mir mitteilte, daß sie mir das Medikament ohne Rezept nicht mehr verkaufen könne, dachte ich, die Welt stürze über mir ein. Ich bin Alkoholikerin, deshalb bin ich auch hier, um einzusehen, daß ich Alkoholikerin bin. Ich habe mir, als ich nach Hause kam, eine ganze Flasche spanischen Brandy reingekippt, den billigsten, den ich im Supermarkt finden konnte, und es war noch nicht einmal Mittag. Aber bedenken Sie nur meine Angst, meine Verzweiflung! Noch immer kommen mir die Tränen, wenn ich mich daran erinnere. Wie hätte ich daran denken können, sie schon bald wieder zu verlieren, wo ich sie doch gerade erst zurückbekommen hatte, sie, die so übel zugerichtet in meine Arme zurückgekehrt war, meine arme Tochter, die so zerschmettert war, als sie endlich einwilligte, bei mir, ihrer Mutter, Zuflucht zu suchen, dem einzigen Menschen, der sie wirklich liebt, der sie immer geliebt hat und der sie für den Rest ihres Lebens lieben wird … Damals entschied ich hierherzuziehen, in dieses Haus, in dem ich meine wundervolle Kindheit verbracht habe, in dieses Bergdörfchen, in dem meine beste Schulfreundin nach ihrem Studium eine hervorragend ausgestattete Apotheke eröffnete, meine Freundin hat alles, und sie ist Mutter von vier Kindern, wie sollte sie mich nicht verstehen können? Großes Leid braucht starke Mittel, sagte sie, als sie mir einen Berg Schachteln auf den Ladentisch stellte.

Hier sind wir nun. Marianne gefällt das Landleben sehr, es gefiel ihr schon als Kind, als wir die Ferien hier verbrachten, und jetzt wohl auch, denn sie sagt nichts, sie beklagt sich über nichts, sondern lächelt nur, sie lächelt den ganzen Tag, die arme Kleine, sie ist wieder so lieb ...

Der junge Mann? Ach ja, der heißt Klaus und ist der Verlobte meiner Tochter ... Natürlich kommt er Ihnen bekannt vor, er war Kassierer bei der Bank, erinnern Sie sich nicht? Kaum hatte ich ihn gesehen, sagte ich mir: Der wäre ein Mann für Marianne. Groß, schlank, stattlich, ganz anders als diese Fauna von früher, aber ganz anders, eh? Und so sympathisch – »Bitte schön, Señora« hier und »Bitte schön, Señora« da, »Wie Sie wünschen, Señora« –, obwohl er mir etwas kurz angebunden vorkam, ehrlich, denn als wir uns das erstemal unterhielten, erzählte ich ihm schon von meiner hübschen Tochter und lud ihn zum Abendessen ein, aber er kam nicht. Das wunderte mich, aber ich dachte, vielleicht ist er nur schüchtern. Ein paar Tage später traf ich ihn wieder und zeigte ihm ein Foto von Marianne; er beschränkte sich jedoch darauf, mir recht zu geben, als wäre ich bekloppt. »Aber ja, Ihre Tochter ist sehr hübsch«, sagte er, »sehr hübsch, Señora, natürlich.« Ich lud ihn erneut zum Abendessen ein, aber er entschuldigte sich, er könne nicht. »Na gut, dann kommen Sie morgen«, schlug ich vor, und er erwiderte, er könne auch am nächsten Abend nicht, am übernächsten auch nicht. Ich war ziemlich wütend! Danach sprach ich ihn nicht mehr an, und wenn ich Geld brauchte, ging ich direkt zum Geldautomaten. Da hast du es, dachte ich, ärger dich nur, du bist nicht mehr wert als diese Maschine!

Aber ich konnte mich nicht damit abfinden, nie Großmutter zu werden, das ist wahr, ich konnte mich nicht damit abfinden. Denn Marianne wird dreißig, und so glücklich wir auch zusammenleben, sie muß heiraten, ich will, daß sie heiratet, ich will das Hochzeitsfest ausrichten, die Landestracht anziehen, die Mama zu meiner Hochzeit getragen hat, ich will bei ihrem Jawort die eine oder andere Träne vergießen ... Welche Mutter würde auf solch ein Vergnügen verzichten wollen? Besonders weil es, richtig betrachtet, gar kein Vergnügen ist, sondern ihr gutes Recht! Und als ich eines Donnerstags abends von einem dieser Treffen der Anonymen Alkoholiker kam und Klaus beim Zuschließen der Bank beobachtete, hatte ich eine Idee. Ich arbeitete einen perfekten Plan aus, und eine Woche später, am gleichen Tag und zur gleichen Zeit, schlich ich mich von hinten an ihn heran und hielt ihm den Revolver meines verstorbenen Gatten – Gott hab ihn selig – an die linke Schläfe. »Los, Klaus«, sagte ich, »jetzt kommst du mit ...« – »Lassen Sie mich, Señora, ich gebe Ihnen alles, was ich bei mir habe«, sagte dieser Tölpel zu mir. »Aber das ist kein Überfall, mein Junge«, antwortete ich ihm, »das ist eine Entführung!« Und dieser Jammerlappen fing an zu heulen, er wimmerte wie ein kleines Mädchen. Können Sie sich das vorstellen? Auf dieser Scheißwelt gibt es nicht mal mehr richtige Männer!

Jetzt leben wir drei zusammen, Marianne, Klaus und ich. Wie, von wann dieses Foto ist? Vor vier Tagen aufgenommen ... Ja, ja, er wirkt nicht sehr fröhlich, er versucht ständig zu entkommen, das ist wahr, ich muß ihn nachts mit Fußeisen ans Bett fesseln, damit er nicht entwischt, aber er wird sich schon eingewöhnen ... Ich sorge dafür, daß er beschäftigt ist – Feuerholz hacken, auf dem Feld arbeiten, den

Zaun reparieren –, denn so hält er es besser aus, und uns kommt alles billiger, jetzt brauchen wir niemanden mehr, wir beide machen alles, er arbeitet und ich immer mit der Pistole hinterher ... Marianne? Ihr scheint das gut zu gefallen, Sie sehen ja, wie sie lächelt und die Hand ausstreckt, um ihn zu streicheln ... Eine seltsame Gebärde? Na ja, seit sie Tabletten nimmt, hat sie so kraftlose Arme, macht etwas brüske, fast unzusammenhängende Bewegungen ... Aber ich sehe doch zufrieden aus, nicht wahr? Natürlich, denn ich bin sicher, daß alles gut ausgehen wird. Jetzt muß ich nur noch mit dem Trinken aufhören, und dann, eines schönen Tages, werden die beiden mir in die Augen sehen, sie werden es begreifen, und alle meine Opfer waren für etwas gut, weil, na ja ... Was täte eine Mutter nicht alles für ihre einzige Tochter?

Barbara und der Tod

Das Glas war matt und hatte einen weißen, luftdicht abschließenden Deckel. Hinter seinen von einem unebenen gräulichen Flaum überzogenen Wänden – Folge von fehlgeschlagenen Abwaschversuchen, die Spuren des festklebenden Etiketts abzulösen, das irgendwann einmal seinen Inhalt deklariert hatte – konnte man noch ein paar Reste Brombeermarmelade ausmachen, kleine glänzende purpurrote Tropfen, die »Negerblut« genannt werden, auf die winzige, durchsichtige Würmer zukrabbelten, die auch Glaswände hinaufwandern können. Großvater, der seinen Korbrucksack sehr sorgfältig packte, öffnete ein Eckchen von etwas in Alufolie Eingewickeltem und fand bestätigt, daß Großmutter ihm statt der gewünschten Kalbsschnitzel erneut ein Käsesandwich gemacht hatte. Er fluchte verhalten und wollte das Glas zu den anderen, auf dem Tisch verstreuten Dingen stellen, aber ich hielt seinen Arm rechtzeitig fest.

»Hör mal, Großvater«, sagte ich und nahm ihm sanft das Glasgefäß mit den lebendigen Schleimfäden aus der Hand, »warum hast du Großmutter nicht das Glas innen saubermachen lassen? Da klebt immer noch Marmelade …«

Er zuckte die Achseln und sah mich nicht einmal an, als fragte er sich, was zum Teufel mich das alles anginge. Ich hatte mich, im Gegensatz zu meinen Brüdern, nie fürs Angeln interessiert.

»Weiß ich nicht ...« antwortete er nach einer Weile. »Sie scheint ihnen zu schmecken. Die armen Würmchen, sie leben ja nur so kurz, also sollen sie's noch ein bißchen genießen, oder?«

»Bevor sie von den Fischen aufgefressen werden ...«

»Mit ein bißchen Glück ... hoffe ich.«

Er küßte mich auf die Schläfe – diese merkwürdige Stelle, auf die nur er mich küßt – und drehte sich ohne ein weiteres Wort um. Er war schon im Türrahmen, als ich ihm nachlief.

»Wart mal, Großvater ... Kann ich mitkommen?«

»Du, Barbara?« Erstaunt zog er die Augenbrauen hoch.

»Ja«, antwortete ich heftig nickend. »Ich war noch nie mit.«

»Na gut, wenn du willst ...«

Ich folgte ihm wortlos auf dem schattigen Weg. Der Wind blies heftig und bewegte die Pappeläste, die noch voller dichter silbriger Blätter hingen und mich zitternd grüßten, als wären sie die Arme von dicken, schmuckbehangenen Señoras, geschmeidig und glücklich, so ganz anders als die ausgehungerten Holzskelette, die ich im Winter durch die Fenster meiner Schule sah.

Die Pappel war für mich seit jeher ein Unglücksbaum; alle Bäume, die im Winter ihr Laub verlieren, wirken so auf mich, und wenn ich morgens aufstehe und an ihren Rinden die letzten Frostspuren sehe, kann ich fast die Kälte spüren, die nachts in ihre Stämme eingedrungen ist. An jenem Morgen werde ich wohl daran oder an irgendeinen anderen Unsinn gedacht haben, als mich plötzlich Schwester Ana, unsere Zeichenlehrerin, mit ihrer lauten Stimme aufschreckte. Die Hände in die üppigen Hüften gestemmt, sah sie mit unwilligem Blick, der sich durch die zwei dicken bifokalen Brillengläser vervielfachte, zu mir herüber.

»Jetzt reicht's, Barbara! Ich hab dich zum drittenmal gerufen. Du bist immer so abwesend ... Hast du was?«

»Nein, Schwester, nicht doch ...« antwortete ich und versuchte Zeit zu gewinnen; es fiel mir aber keine überzeugende Ausrede ein. »Es ist nur so, Sokrates liegt mir nicht besonders ...« Ich deutete auf die Gipsmaske, die direkt über der Tafel hing. »Ich habe aus dem Fenster geschaut.«

»Immer schaust du aus dem Fenster, mein Kind, ich weiß nicht, welches Geheimnis du der Landschaft abgewinnst. Wenn du doch wenigstens den Hof schön zeichnen könntest! Los, tu mir einen Gefallen. Geh in mein Arbeitszimmer und hol mir eine Schachtel bunter Kreide. Sie liegt im Schrank; wenn du reinkommst, gleich rechts.«

»Aber ich weiß doch gar nicht, wo Ihr Arbeitszimmer ist.«

»Nicht? Nun ...« Ein Mädchen aus der ersten Reihe ging mit einer fertigen Zeichnung zu ihr nach vorn, und sie begann sie zu verbessern, redete aber weiter. »Es ist ganz einfach. Du gehst in die Halle, nimmst den Flur nach rechts; wenn du an den Vorschulklassen vorbei bist, biegst du wieder rechts ab ... Diese Nase gefällt mir gar nicht, Cristina, sie muß hier feiner sein ... und dort breiter ... siehst du? Also, Barbara, dann gehst du die Treppe zur Turnhalle hinauf, und auf der linken Seite öffnest du eine weiße Tür zu einem Flur. Das dritte Zimmer rechts ist mein Arbeitszimmer.«

Ich stand auf und verließ das Klassenzimmer in der Überzeugung, mir den Weg richtig gemerkt zu haben. Sie hatte links gesagt, sie mußte links gesagt haben, deshalb achtete ich nicht auf das bedrohliche Schild an der Tür, die sich genau gegenüber der anderen befand, beide identisch, weiße Türen mit weißgestrichenem Glas, deren Griff ich mit fester Hand hinunterdrückte. Es wurden schreckliche Geschichten erzählt über dieses verdammte Schild, so gefährlich und düster wie ein böser Zauber, aber ich beachtete es nicht, ich las es nicht einmal, denn sie hatte links gesagt, und ich trat ohne zu zögern ein, befand mich aber nicht in einem Flur, sondern in einem Vorraum, ähnlich dem Vorzimmer irgendeines Hauses, und da stand eine alte, sehr alte und mir unbekannte Nonne, die sich mit einer Plastikgießkanne in den Händen konzentriert über Geranientöpfe beugte. Sie hatte ein Gesicht wie ein Mann, wie die Hexen in Alpträumen, ich glaubte fast, ihre Knochen knacken zu hören. Sie war so krumm, so hinfällig, daß sie mir zuerst leid tat, bis sie sich zu mir umdrehte, mich anstarrte, mich anlächelte, mir ihr schwarzes Zahnfleisch zeigte und mich dann mit rauher, gebrochener Stimme scharf zurechtwies:

»Du hast den Klausurbereich betreten. Du wirst nie mehr hier rauskommen.«

Anfangs beschränkte ich mich darauf, wortlos den Kopf zu schütteln, während ich mir einredete, daß dies ein Scherz sei, einfach ein widerwärtiger Scherz. *Ihr seid alle Hurentöchter,* dachte ich und formulierte, ohne die Lippen zu bewegen, diesen schrecklichen Fluch, diesen naiven Bannspruch, an den ich mich jeden Morgen beim Betreten der Schule klammerte – wie man sich an ein Schild, ein Schwert, einen Überlebensinstinkt klammert –, die törichte Verwünschung, die meine Schritte jeden Nachmittag nach Hause lenkte, die Formel, die ich nach jeder Schulstunde mechanisch wiederholte wie eine Litanei oder den Singsang einer angeketteten Gefangenen. *Ihr seid alle Hurentöchter,* aber das stimmte nicht, denn es gab auch gute, großherzige, freundliche Nonnen, und viele von ihnen verehrte ich zutiefst. Zusammen jedoch wurden sie zum Feind, und nur einen Feind beschwört man mit schrecklichen Worten, so daß ich für mich noch einmal wiederholte: *Ihr seid alle Hurentöchter, und ich werde nicht hierbleiben* ... Sie sah mich mit einem kalten Lächeln auf den fleischlosen Lippen an: »Was ist los, du sagst ja gar nichts? Dann gefällt dir die Vorstellung wohl«, schlußfolgerte sie, und da gab mir das Entsetzen meine Stimme zurück, öffnete meinen Mund, um trotzige Worte hineinzulegen. »Selbstverständlich werde ich hier wieder rauskommen«, sagte ich. »Ich will keine Nonne werden, ich will heiraten und viele Kinder haben.« Als sie das hörte, lachte sie schneidend auf. »Natürlich wirst du heiraten, mein Kind, den Herrn, so wie ich, und es wird viele Mädchen geben, die dich Mutter nennen werden, alle Schülerinnen der Klosterschule ...« Mit einer vagen Armbewegung umriß sie den uns umgebenden Raum, ihr erbärmliches Reich, und redete weiter, aber ich hörte ihr schon nicht mehr zu. Wenn meine Brüste wachsen, werde ich mir durchsichtige Spitzenbüstenhalter mit bunter Blümchenbordüre kaufen, sagte ich mir, ganz kitschige, aber wunderschöne, und ich werde schwarze Nahtstrümpfe anziehen, mit einer so feinen Naht, daß es fast unmöglich wäre, sie senkrecht hochzuziehen, und hohe, superhohe Stöckelschuhe, das werde ich tun, ich werde mir die Lippen dunkelrot anmalen und werde sehr zarte Haut haben und sehr gut riechen, sehr, sehr gut, so wie Mama jetzt riecht, und die Typen werden mir zu Füßen liegen, alle, und ich werde gemein zu ihnen sein, tut mir leid, aber das werde ich tun, mit allen gleichzeitig kokettieren, und dann, wenn nicht einer kommt, der toll ist, aber wirklich ganz toll wie ein Filmliebhaber, werde ich den aussuchen, der, wenn's geht, ein rotes Kabriolett fährt oder vielleicht ein gelbes, nein, ich mag lieber in einem roten Kabriolett fahren, mit einem Hut und darunter ein Tuch mit ganz langen, um den Hals gebundenen Zipfeln und mit einer riesigen dunklen Sonnenbrille ... Mein tröstendes Selbstgespräch, der einzige Kniff, der mir half, meine Körperwärme zu erhalten, wurde unterbrochen; sie stürzte sich auf mich, die geballte Faust über dem Kopf schwingend und eine schlimmere Gewalt androhend als Schläge. »Du wirst deine Eltern nur noch durch Gitterstäbe sehen«, tobte sie, »du wirst Klausurschwester werden, du bist freiwillig hier reingekommen und wirst nicht mehr rauskönnen, niemand außer den Toten ist hier je wieder rausgekommen.« Ich konnte nicht antworten, ich war stumm, und meine Augen brannten ... Die Erwachsenen erzählten schreckliche Geschichten von diesen verbotenen Räumen, diesem ungeahnten Gefängnis, isoliert wie eine Insel inmitten eines modernen Kristallgebäudes in Aluminiumbauweise mit Sprachlabor und Hallenbad: Dort wuschen sie sich mit Kernseife, ich wußte das genau, es war nicht erlaubt, parfümierte Seife zu benutzen, und sie schliefen in dicken Hemden aus Sackleinen wie Kartoffelsäcke ... Ich spürte, wie mir bei der Erinnerung an das Gewicht meines Geliebten eine Träne über die Wange kullerte, das süße Geheimnis, gegen das ich mich jede Nacht preßte, seit ich die feuchten Augen einer Schauspielerin in einer Fernsehserie gesehen hatte, einer sehr hübschen, klugen und starken Frau, einer Person mit Charakter, wie meine Mutter sagen würde, aber sie spielte die Rolle einer verlassenen Frau, und deshalb, obgleich so hübsch und so klug und so stark, war sie ständig den Tränen nahe, konnte nachts nicht schlafen, weil sie das Gewicht seines Körpers vermißte. Seither faltete ich jede Nacht die Bettdecke dreifach zusammen, legte die genauso zusammengelegte Steppdecke darüber und blieb ganz ruhig darunter liegen, das Kopfende bis zur Nase hochgezogen, während ich den Druck des Stoffes auf meinem Körper spürte, mir vorstellte, wie schwer ein Mann wohl wäre, und dabei ganz leise ein paar feuerwerksartig aufblitzende Sätze murmelte, Gesprächsfetzen, die ich aus Filmen und Liebesromanen entlehnt hatte: *Geh, geh doch endlich, wenn du mich retten willst, ich darf nicht nachgeben, aber das Verlangen geht über meine Kräfte, erbarme dich meiner, ich kenne kein größeres Glück als dich, deine Liebe ist das einzig Gute, was mir im Leben vergönnt war; töte mich, mach ein für allemal ein Ende, warum tötest du mich denn nicht?* Das betete ich herunter und bewegte unter der Bettdecke leicht die Schultern, als würden mich die Arme eines Gottes auf das Bett drücken, und dann schlief ich immer sofort ein. Aber jetzt bohrten sich die Klauen dieser Alten in meine Schultern, und ich weinte, ich konnte nur noch weinen, und sie schien immer wütender zu werden: »Du undankbares Geschöpf«, schrie sie mich an, »warum weinst du? Du läßt doch auf der Welt nichts weiter zurück als Wahnsinn und Sünde, warum beklagst du dich?« Ihre Fingernägel gruben sich in meine Haut, während sie immer lauter schrie: »Du bist doch ein Nichts, Nichts, und du wirst nichts sein, nicht einmal eine Handvoll Staub, ein Festschmaus für die Würmer ...« Ich befreite mich mit letzter Kraft und schaffte es, zur Tür zu laufen, aber mit plötzlicher, unerwarteter Beweglichkeit gelang es ihr, meine Hand auf dem Türgriff zu packen. »Gehen Sie weg«, schrie ich, »lassen Sie mich los, ich bleibe nicht hier, ich nicht, ich werde nie wie Sie werden ...« Ihre Augen funkelten. »Du bist schlecht«, zeterte sie, »schlecht und hochmütig! Du bist jung und glaubst, hübsch zu sein, deshalb verachtest du mich.« Ihr Gesicht näherte sich dem meinen, bis unsere Nasen sich berührten. »Schau mich an«, sagte sie, »schau mich genau an, denn meine Falten sind das beste Lehrstück, das du je erhalten wirst, schau mein Gesicht an, meine Hände ... Weißt du, wie man diese Flecken nennt? Friedhofsblumen, so nennt man sie, und hör gut zu, denn sehr bald, viel früher, als du glaubst, wachsen sie überall auf deiner Haut, so wie auf meiner, und nach kurzer Zeit bist du nichts mehr, nur noch Futter für die Würmer, sie werden deinen Mund bevölkern, in deinen Augenhöhlen herumspazieren, unter deine Fingernägel krabbeln und deinen Körper auffressen …« Der Druck ihrer Hand ließ plötzlich nach, und es war endlich still, ich hörte nur noch mein Schluchzen, schloß die Augen, um sie nicht mehr zu sehen, und ergab mich meinem Schicksal: Sterben zu müssen, ohne jemals erfahren zu haben, wieviel ein wirklicher Mann wiegt. Ich wollte jetzt so bald wie möglich sterben, bevor ich mich in das weiße Ornat kleiden mußte, da vernahm ich plötzlich Schritte, und unter meiner schlaffen Hand bewegte sich der Türgriff, während eine vertraute Stimme auf der anderen Seite des Glases ängstlich meinen Namen rief.

Schwester Ana riet mir, niemandem zu erzählen, was passiert war.

»Schließlich war es deine Schuld, denn ich habe dir gesagt, mein Arbeitszimmer ist rechts, r-ech-ts, nicht links. Außerdem ist Mutter Pasión schon sehr alt, weißt du? Die Arme ist nicht mehr ganz richtig im Kopf …«

Ich wollte ihr widersprechen, brachte aber kein Wort heraus. Ich war tief erschrocken und hatte eine Gänsehaut, und meine Knie waren so weich, als würden sie im nächsten Moment wegknicken. Wie durch ein Wunder überstand ich eine Lateinstunde und ging dann zur Tutorin, die auch Nonne war und schon alles wußte. Noch bevor ich sie darum bitten konnte, erlaubte sie mir, vor Schulschluß heimzugehen; das einzige, worum sie mich bat, war, zu schweigen: »Zu niemandem ein Wort, ich bitte dich um diesen Gefallen, Barbara, nicht ein Wort.« Es fiel mir schwer, das Geheimnis zu hüten – ein Abenteuer wie dieses hätte mein Ansehen bei den Mitschülerinnen auf ein kaum vorstellbares Niveau gehoben –, aber schließlich beschloß ich zu schweigen, zurückhaltend zu sein, wie die Tutorin es ausgedrückt hatte. Ich tat es nicht nur aus Angst – die hatte ich noch immer, und zwar große –, sondern auch für mich selbst, um nicht mehr daran denken zu müssen. Ich beendete das Schuljahr, und die Sommerferien begannen, und das düstere Gespenst aus der Klausur verflüchtigte sich zwischen sonnigen Morgen und schattigen Abenden, während ich mit meinen Freundinnen auf einer Mauer saß und Sonnenblumenkerne knabberte.

Jetzt war auch der Sommer vorüber. Ich saß auf einem Felsen am Flußufer, hätte einen Pullover nötig gehabt und sah meinem Großvater zu, wie er die winzigkleinen Würmer – die mir nicht bedrohlich erschienen, obwohl das Glas, in dem sie sich fortwährend zusammendrängten und im nächsten Augenblick wieder voneinander lösten, meinen Blick beharrlich fesselte – geschickt auf den Metallhaken fädelte.

»Hör mal, Großvater ...« Als ich zu sprechen anfing, wußte ich noch nicht genau, was ich sagen würde.

»Was ...?«

Er warf die Angel aus und schien nicht besonders erpicht auf ein Gespräch, aber ich blieb hartnäckig bei meinem ernsten Tonfall, in dem man ernste Dinge zu sagen pflegt.

»Kannst du mit mir reden, als wäre ich nicht deine Enkelin?«

»Was ...?« wiederholte er, drehte sich aber um und lächelte mich an.

»Ich meine, glaubst du, wir könnten miteinander reden, als wäre ich nicht deine Enkelin, sondern eine erwachsene Frau?«

Zuerst bekam ich ein schallendes Lachen zur Antwort. Dann gab er eine dieser übertriebenen Phrasen zum besten, die Großmutter so aus dem Häuschen, mich aber zum Lachen brachten.

»Sag bloß nicht, du seist schwanger ...«

»Sei nicht albern.« Ich mußte lachen. »Ich meine es ernst.«

»Na gut.« Er sammelte alle seine Geräte zusammen, steckte die Angel in eine Felsspalte und setzte sich mir gegenüber, noch immer belustigt. »Leg los. Ich werde versuchen, den Umständen gewachsen zu sein.«

Nach einer kurzen Pause fragte ich ihn:

»Bin ich hübsch, Großvater?«

»Ja«, antwortete er bedächtig und sah mich an. »Du bist sehr hübsch für deine dreizehn Jahre.«

»Und ... glaubst du, daß ich als Erwachsene auch hübsch sein werde?«

»Aber natürlich, das wirst du, viel hübscher als jetzt, denn das Entchenalter schmeichelt niemandem besonders.«

»Aber ich habe so auseinanderstehende Zähne ...«

»Ja und? Deine Großmutter hatte die auch, bevor sie ihr Gebiß bekam, und mir gefiel das. Sie konnte die Zunge dazwischenstecken, das war witzig.«

»Aber beim Reden schlüpft mir die Spucke durch.«

»Na ja, ich glaube nicht, daß das so wichtig ist.«

»Dann glaubst du also, daß ich ganz viele Verehrer haben werde?«

»Wenn du welche haben willst, wirst du sie höchstwahrscheinlich haben, obwohl ich glaube, daß zwei oder drei ausreichen. Verehrer sind ziemlich anstrengend, du wirst schon sehen ...«

»Und was wird ihnen an mir gefallen?«

»Oh ...« Er gab vor nachzudenken. »Sicherlich deine auseinanderstehenden Zähne.«

»Und was noch?«

»Na ja, ich weiß nicht, ich glaube, das weiß man vorher nie. Jedenfalls will ich dir einen Rat geben. Wenn du deine Laufbahn als Femme fatale in Angriff nimmst, wirf alle deine Jogginganzüge weg, zieh sie nicht mal an, wenn du mit mir angeln gehst, hör auf mich ...«

»Aber manches wird ihnen nicht gefallen.«

»Selbstverständlich.« Er lachte wieder, ziemlich laut, als könnte er sich nicht länger beherrschen. »Koketterie beispielsweise. Wenn du so weitermachst, wirst du eine unerträglich frivole Frau …«

Da lachte ich auch. Mein Großvater war warmherzig, gut und weise, und wenn er mir zuhörte, fühlte ich mich wichtig. Trotzdem fuhr ich so erstickt flüsternd, wie unsichere Menschen es tun, fort:

»Und dann werde ich alt, nicht wahr? Ich bekomme Falten und werde dick, und an den Beinen habe ich Krampfadern, und meine Arme werden schwabbelig, so schwabbelig wie Wackelpudding, und dann sterbe ich und werde von den Würmern gefressen …«

Er sah mich einen Moment lang erschrocken und mit unergründlichem Blick an, aber dann sah ich ihn nicken und hörte ihn diese Bemerkung ausstoßen, die seine süßen Worte Lügen strafte.

»Nein«, sagte er. »wenn kleine Mädchen wie du sterben, kommen sie in den Brauthimmel.«

Ich lächelte, als könnte ich dieses Versprechen glauben, und suchte dann im letzten Winkel meiner Erinnerung nach dem passenden Wort, einer Anekdote, einem wirkungsvollen Trick, um diese Unterhaltung in eine andere Richtung zu lenken, denn jetzt erst hatte ich die Flecken auf seinen Armen, seinen Händen und seinem Gesicht wahrgenommen, die Friedhofsblumen, die sich seines ganzen Körpers bemächtigten, und meine Angst verlor schlagartig jegliche Bedeutung. Ich versuchte, das Thema zu wechseln, aber das war nicht mehr nötig, denn genau in diesem Augenblick biß ein riesiger Hecht an und verschlang den Wurmköder.

Während Großvater mit der gespannten Angelrute kämpfte, holte ich das Glas aus dem Rucksack; ich war bereit, den unumstößlichen Plan auszuführen, den ich genau an dem Morgen ausgeheckt hatte, als sich die Würmer glücklich über die Reste meines Frühstücks hermachten.

Ich betrachtete sie aufmerksam und entschied mich für einen sehr dicken, der an einem strahlend purpurroten Fleck klebte. Es war nicht einfach, ihn zu erwischen, und als ich versuchte, ihn unbeschadet durch die enge Glasöffnung herauszuangeln, schlüpfte er mir fast aus den Fingern, aber nachdem ich ihn entschlossen mit den Fingerspitzen gepackt hatte, hielt ich ihn mir vor die Augen und lächelte.

»Wenn du glaubst, daß du mich auffressen wirst, hast du dich geirrt ...«

Ich steckte ihn in den Mund und kaute energisch, widerstand in diesem triumphalen Augenblick des Sieges jedem Anflug von Ekel, als sich mein festes Fleisch und meine straffe Haut den Tod einverleibten.

Großvater zog den zappelnden Hecht aus dem Wasser und hielt ihn mir hin, und ich lächelte ihn zufrieden an.

Die Rache schmeckte nach Brombeermarmelade.

Malena, ein Leben auf Sparflamme

5. Dezember 1949

Im Grunde steht die Lust zu vögeln nicht über der, zu essen. Wenn Essen so verboten wäre wie das andere, so wäre eine ganze Ideologie entstanden, eine Leidenschaft des Essens mit ritterlichen Normen. Das, was die Leute Verzückung nennen – das Sehen, das Träumen, wenn du vögelst –, ist um nichts mehr als die Lust, in eine Mispel oder eine Weintraube hineinzubeißen.

Cesare Pavese, Das Handbuch des Lebens

Dieses Mal mochte sie sich nicht mehr anmutig hinsetzen, diesmal nicht. Sie ließ sich mit ihrem ganzen Gewicht auf den Stuhl plumpsen und stieß einen wohligen Seufzer aus. Mit einer müden Geste schraubte sie den Füllfederhalter auf, um zu prüfen, ob er genug Tinte enthielt, zog auf ihrer linken Hand am Daumen entlang einen feinen blauen Strich und dachte, daß sie jetzt das letzte Mal dieser absurden, bisher nicht abzustellenden Kindheitsmarotte nachgegeben hatte. Sie legte das Briefpapier mit dem Bild der berühmten Alice von John Tenniel – letztes Geschenk von Aleister – genau in die Mitte und sagte sich, daß es vielleicht vernünftiger wäre, einen solchen Brief auf ein ganz gewöhnliches Blatt Papier zu schreiben, verwarf diese Möglichkeit aber sogleich wieder. Schließlich schien eine Nicht-Geburtstagsfeier die ideale Einleitung für eine Abschiedsbotschaft wie die ihre zu sein. Sie warf einen flüchtigen Blick auf den Mann, der lautstark in ihrem Bett schnarchte, und verglich die sich unter dem Bettlaken abzeichnende voluminöse Silhouette mit dem Totgewicht eines berühmten, für immer und ewig aufgedunsenen, schwachsinnigen alten Boxers. Sie seufzte erneut und begann zu schreiben:

Sehr geehrter Herr Richter!
Ich, Magdalena Hernández Rodríguez, Spanierin, Witwe, von Beruf Chemikerin, 46 Jahre alt, im Vollbesitz meiner körperlichen und geistigen Kräfte, habe heute, am 7. Mai 1990, entschieden, freiwillig aus einem Leben zu scheiden, das für mich keinen Sinn mehr hat …

Vor knapp drei Monaten hatte sie ihn wiedergetroffen, als sie schon nicht mehr damit gerechnet hatte, ihn jemals wiederzusehen, als sie sich schon eingeredet hatte, ihn endlich vergessen zu haben, als er ihr schon fast gleichgültig geworden war – gerade in dem Augenblick fiel auf einer Party ein dicker, bärtiger und fast kahlköpfiger Mann über sie her, erstickte sie fast mit seiner heftigen Umarmung, überzog ihr Gesicht mit einem nach kanarischen Zigarren riechenden Geifer, küßte sie so ungeschickt, daß sich einer ihrer Ohrklipse löste und zu Boden fiel, wo jemand unabsichtlich darauftrat und ihn sauber in der Mitte zerbrach. »Malena, ich bin's, Andrés, freust du dich nicht, mich zu sehen?« Sie glaubte zu spüren, wie sich der Boden unter ihr auftat; in ihrem Innern kämpfte ein immer schwächer werdendes Stimmchen tapfer, aber vergeblich darum, eine letzte Hoffnung aufrechtzuerhalten, und flüsterte: Nein, das kann nicht sein, das muß ein anderer sein, ein anderer Andrés vielleicht, aber nicht der, nicht ihrer, es konnte nicht ihr Andrés sein, auf gar keinen Fall …

Selbstverständlich war es Andrés. Als es ihr gelungen war, der feuchten Lawine Einhalt zu gebieten, die sie für so viele Jahre des Wartens grausam strafte, statt sie zu entschädigen, fand sie in diesem aufgedunsenen und vom Alter herabgewürdigten Gesicht flüchtige Spuren des faszinierenden Jungen, den zu lieben sie nie aufgehört hatte. Da waren, unter einem häßlichen graumelierten Dickicht verborgen, diese so feingeschwungenen, sich kaum abzeichnenden Lippen, die sie immer als diskretes Zeichen eines treulosen, erfahrenen Liebhabers hatte deuten wollen, Lippen, deren bloßer Anblick ihr früher kalte und warme Schauer über den Rücken gejagt hatte. Und da waren auch die zarten Schatten unter den Augen – die sich in ein, zwei, drei Tränensäcke verwandelt hatten –, das spitze Kinn – das zu einem runden, weichlichen Doppelkinn wurde –, die riesigen, knochigen Hände mit langen Fingern – aber so angeschwollen wie nordafrikanische Entenmuscheln – und der Körper, dieser zerbrechliche, vergötterte Körper von damals, einziges Objekt ihrer schmerzhaften Begierde, so dickflüssig und dunkel wie Blut, die sie insgesamt fast dreißig Jahre lang einsam gehegt hatte und die sich jetzt, angesichts dieser dicken, schlecht verarbeiteten Wurst, die Andrés geworden war, von einem Augenblick auf den anderen endlich auflöste.

Dennoch flirtete sie die ganze Nacht mit ihm und lauerte auf jedes Zwinkern, jedes Augenleuchten, jeden Strohhalm, an den sie sich hätte klammern können, um den verlorengegangenen Taumel wieder heraufzubeschwören. Sie fand nichts von ihrer ewigen Liebe an ihm wieder. Trotzdem akzeptierte sie sein schäbiges, absolut gewöhnliches Angebot – »Warum lädst du mich nicht zu dir nach Hause ein, und wir trinken das letzte Glas im Bett?« –, denn sie glaubte, es sich selbst und ihrer verräterischen Erinnerung schuldig zu sein. Es war die totale Katastrophe. Er erwies sich nicht nur als wenig treulos und verheerend unerfahren, sondern er verhielt sich darüber hinaus kaum wie ein Liebhaber. Noch bevor er sich ganz ausgezogen hatte, stürzte er sich auf ihren Körper, schien dann aber keinerlei Absichten zu hegen, die aktive Rolle zu übernehmen. Danach lächelte er zufrieden, hustete ein paarmal und schlief ein.

Sie konnte nicht so leicht einschlafen. Im Bett sitzend rauchte sie eine Zigarette nach der anderen. Ihre Nieren brannten, und alle ihre Muskeln schmerzten, erschöpft von der Anstrengung, rhythmisch und ohne nennenswerte Hilfe diese Parodie eines Mannes nach oben zu pumpen. Sie hatte ihr ganzes Leben damit verbracht, auf Andrés zu warten, jetzt lag er schlafend neben ihr und schnarchte wie ein asthmakrankes Flußpferd. Die Zukunft schien nicht sehr vielversprechend. Sie versuchte nicht daran zu denken, legte sich ab und zu hin, klopfte das Kissen auf, legte sich auf die Seite, dann auf den Rücken, probierte es auf der anderen Seite und setzte sich schließlich wieder auf, um sich verzweifelt die vorletzte Zigarette anzuzünden. Bis ein Lächeln ihr Gesicht erstrahlen ließ und gleich darauf ihren Körper belebte. Splitternackt und verschwitzt sprang sie mit einem Satz aus dem Bett, ging ins Bad, und statt, wie so oft, nur den einen Schalter, drückte sie mit einem Handgriff alle drei Schalter der grausamen Halogenlampen und musterte aufmerksam ihr Spiegelbild. Es gab keinen Grund mehr, sich im einschmeichelnden Halbdunkel des schwachen Seitenlichts zu betrachten. Jetzt brauchte sie genau das Gegenteil, sie wollte sich nicht nur deutlich sehen, sondern sie wollte den Verfall sehen. Sie hatte entschieden, daß sie genau so war, wie sie aussah. Vor sich erblickte sie den schwabbeligen, alternden Körper einer sechsundvierzigjährigen Frau, mit hängenden Brüsten, geblähtem Bauch, Krampfadern an den Beinen und mit schlaffen Hüften. Ihr Lächeln verbreiterte sich zur Fratze, während sie die rechte Hand in der Luft zur Faust ballte und laut und deutlich sagte: »Ab morgen werde ich wieder essen.«

Wissen Sie, ich habe mit fünfzehn Jahren aufgehört zu essen. Mit fünfzehn Jahren begann ich, mich nur mit dem Notwendigsten zu ernähren, gekochtes Gemüse, gekochtes Fleisch, gekochter Fisch, ein Leben auf Sparflamme. Und alles aus Liebe. Es ist schon traurig, wie dumm wir Frauen sein können, aber an jenem Nachmittag, ich weiß nicht, ob Sie das verstehen werden, aber an jenem Nachmittag beim Flaschenspiel glaubte ich, aus Kummer und Ekel und vor Begierde nach Andrés zu sterben ...

Auf dem Zementfußboden kreiste und kreiste eine honigfarbene Bierflasche, ohne die Füße der zwanzig sonnengebräunten Jugendlichen zu streifen, die im Kreis auf dem Boden saßen und sie mit einer gewissen Beklemmung im Gesicht unverwandt anstarrten. Ein bißchen abseits, weil sie es beschämend fand, sich wie die anderen im Schneidersitz hinzusetzen, saß auch Malena, gerade fünfzehn geworden, einen Meter dreiundsiebzig groß, zweiundachtzig Kilo schwer, ein echtes Walroß. Sie trug ein weites Baumwollkleid mit einer winzigen Stickerei und einem sehr auffälligen Lätzchen auf der Brust, das ihre Freundinnen niedlich fanden, weil es wie ein Umstandskleid wirkte. Es *war* ein Umstandskleid, obwohl sie sich eher hätte aufhängen lassen, als das zuzugeben. Sie kannte keine größere Qual, als einkaufen zu gehen, kein größeres Wunder, als einen Rock in ihrer Größe zu finden. Nur wenige Wochen zuvor war ihre Mutter, eine sehr schöne Frau, in Tränen ausgebrochen, als sie in einer winzigen Umkleidekabine im Kaufhaus El Corte Inglés ihre nackte Tochter sich krampfhaft in einen schwarzen Badeanzug mit Körbchen und Hüftverstärkungen pressen sah, den sie im letzten Winkel der Damenabteilung – SONDERANGEBOTE! BADEMODE FÜR SENIORINNEN, WAGEN SIE ES, SEÑORA. LEBEN SIE JETZT – gefunden hatten. Ihre Mutter weinte, und Malena mit halb hochgezogenem Badeanzug, die Träger auf Hüfthöhe eingerollt und mit vor Anstrengung heraushängender Zunge sah sie an, ohne zu verstehen, was los war. »Aber schau dich doch an, mein Kind«, hörte sie schließlich aus den Schluchzern heraus. »Du siehst aus wie vierzig ...«

Draußen in der erstickenden Madrider Juliluft fing ihre Mutter wieder mit der üblichen Leier an: »Mach eine Diät, mein Kind, noch ist es Zeit, schließlich bist du noch jung, später wird es dir viel schwerer fallen, hör auf mich, bitte, Malena, laß uns zum Arzt gehen ...« Sie hatte sich wie immer taub gestellt, sich aber auch nicht getraut, um ihr Lieblingseis, Waffeleis mit Schokoladenüberzug, zu bitten, denn der mütterliche Anfall schien schlimmer zu sein als sonst.

Und jetzt saß sie in der Garage von Milagros' Eltern mit ausgestreckten Beinen auf dem Boden und verfolgte ängstlich, in welche Richtung der Flaschenhals zeigen würde, denn an diesem Nachmittag hatte sie sich rettungslos in Andrés verknallt.

Er zeigte schon wieder auf ihre Füße, und das Herz schlug ihr bis zum Hals, weil sie dran war, diesmal mußte sie dran sein, da gab es keine Ausflüchte mehr. Die Spielregeln erlaubten nicht, zweimal dieselbe zu küssen, und Andrés hatte die sieben anderen Mädchen der Clique schon geküßt, von der häßlichsten bis zur hübschesten, mit Ausnahme von Milagros, der Freundin seines Zwillingsbruders. Jetzt war es soweit, jetzt war sie dran, sie war als einzige übrig, und trotzdem wählte er ohne zu zögern zum zweitenmal Silvia. Jemand protestierte. Aber es ist doch keine mehr übrig, erklärte er.

Natürlich, stimmte ja, die anderen gaben ihm recht, und sie wagte nicht zu widersprechen, weil niemand sie ansah, niemand sie erwähnte, niemandem aufzufallen schien, daß sie noch übrig war, unberührt, einsam und stumm. Andrés zog dieses dürre Exemplar der herkömmlichen Scharfmacherin vor, die unerklärlicherweise alle so verrückt zu machen schien, nahm sie bei der Hand und führte sie in eine Ecke, um sie zu küssen. Malena nutzte die Gelegenheit, um ungesehen zu verschwinden. Den restlichen Nachmittag verbrachte sie damit, auf einem Fels zu sitzen und nachdenklich in den Fluß zu schauen, und als sie viel früher, als sie gemußt hätte, nach Hause kam, traf sie ihre Mutter in der Vorhalle beim Legen eines nie enden wollenden Puzzles an. »Ich habe mich entschieden, eine Diät zu machen, Mama«, sagte sie nur. Diese lächelte sie an, nahm sie in die Arme und sagte leise zu ihr: »Du wirst sehen, daß alles gut wird, du wirst sehen, wie hübsch du werden wirst, Malena ...«

So fuhr ich schließlich mit Mama zu einem Arzt in Madrid, einem ganz jungen Endokrinologen, der mich mit einem Ausdruck des Bedauerns ansah und mir klar und deutlich sagte: »Schau, mein Kind, dein Problem ist, daß du von Geburt an dick bist. Ich werde dir eine sehr harte Diät verschreiben. Wenn du sie eisern durchhältst, wirst du abnehmen und eine gute Figur bekommen, das ist sicher. Aber du mußt deine Einstellung und deine Lebensweise ändern, denn du hast einen negativen Stoffwechselindex. Er ist besser, wenn dein Organismus praktisch keinen Grundumsatz mehr hat, damit mußt du dich abfinden ...«

Sonntag war der beste Tag, denn da gab es ein Drittel einer Coca-Cola mit einem Schinkenbrötchen am Spätvormittag und zum Mittagessen eine halbe Tomate, ein Viertel Brathähnchen und einen Apfel. Nein, die Sonntage waren nicht schlecht. Aber dienstags und samstags durfte sie nur Obst essen und zum Abendbrot gekochtes, ungesalzenes Gemüse als ersten Gang. Trotzdem hielt sie durch, erfüllte die eiserne Diät, ohne jemals schwach zu werden, und sie nahm ab, sie konnte es kaum glauben. Jeden Morgen nach der Dusche mit einem Anticellulitisgel auf Algenbasis, das die Haut mit einem widerlichen Geruch tränkte, wog sie sich, und jeden Tag pendelte sich die Nadel der Waage etwas schneller auf die Zahl ein. Die anderen bemerkten noch nichts, noch nicht, denn sie trug noch dieselben Kleider, dieselben Umstandskleider, dieselben Badeanzüge für Frauen nach den Wechseljahren. Sie ging jeden Nachmittag trotz der sengenden Hitze eine halbe Stunde lang spazieren, um ihren Verdauungsrhythmus anzuregen, und sie betrachtete sich jeden Abend nackt im Spiegel und hüllte sich in einen glänzenden roten Vorhang, der sich wie ein Abendkleid um ihren Körper schmiegte, um sich an einer noch nie gekannten Taille zu erfreuen, einem Bauch, der flach zu werden versprach, Brüsten, die endlich sichtbar über ihren Bauch hervorragten und unter denen sie mit einem bißchen guten Willen ansatzweise ihre bisher unsichtbaren Rippen erahnen konnte. All das tat sie, und sie ertrug den Hunger, der nicht unerträglich war, noch nicht, denn das letzte Festessen, der Abschied – vier Hefegebäckstückchen, zwei Tafeln Vollmilchnußschokolade, eine Dose Sardinen in Tomatensoße und eine halbe Dose gezuckerte Kondensmilch –, war ihr noch ganz frisch in Erinnerung, eine unsinnige Mahlzeit, die sie am letzten Tag vor ihrer Diät in genau sechsundzwanzig Minuten verschlungen hatte, nachdem Andrés ihr ihre heldenhafte Entscheidung mit einer noch überraschenderen Neuigkeit vergolten hatte: »Am Montag gehe ich zum Bund, weißt du, nach Ceuta, freiwillig ...«

Anfangs dachte ich, daß es so besser sei, denn wenn er von der Armee zurückkäme, sähe ich schon großartig und überwältigend aus, wie eine Elfe eben. Wer hätte schon vorhersehen können, daß er sich so dumm anstellen würde? Und damals, als Andrés im Krankenhaus lag, begann ich, Hunger zu verspüren, einen schrecklichen, fürchterlichen, tödlichen Hunger. Es war die Hölle, Herr Richter, eine Folter, die sich niemand vorstellen kann ...

Nun ja, in Tat und Wahrheit wurde sie nie eine Elfe. Schlank ja, aber immer noch innerhalb der Grenzen einer molligen Frau mediterraner Prägung. Sie begriff schnell, daß es dafür keine Lösung gab. Seit Beginn ihrer Qualen waren knapp anderthalb Jahre vergangen, als sie es wagte, endlich den Tempel höchster Glückseligkeit zu betreten, eine Boutique mit einem gigantischen Foto von Twiggy über der Tür, in der sie erneut den Urteilsspruch hören sollte, dem sie für immer entronnen zu sein geglaubt hatte: Tut mir leid, aber deine Größe führen wir nicht ...

Das Pflaster der Serrano-Straße überlebte wunderbarerweise ihre zornigen Schritte, während sie mit aller Macht einen grausamen Tod herbeiflehte, irgendeinen unendlich schmerzhaften Todeskampf für die bläßliche Verkäuferin mit Kleidergröße 36, die es gewagt hatte, sie mit bedauerndem Gesichtsausdruck anzusehen. Besser noch die Lepra, dachte sie, als der unverwechselbare Duft frischer Croissants sie mitten auf dem Gehweg innehalten ließ. Sie sah sich um und erblickte den Ursprung des Wohlgeruchs in der Schaufenstervitrine einer Luxuskonditorei. Jetzt geh ich rein und kaufe mir eine kandierte Dattel, ich gehe rein und esse sie auf, sagte sie sich, und es wird nichts passieren. Ich gehe rein, kaufe mir eine kandierte Dattel und esse sie dann, wiederholte sie flüsternd, aber sie bewegte sich nicht, sie blieb auf dem Gehweg stehen und kostete den Duft der auf dem Blätterteig schmelzenden Butter aus, bis sich der Zauber verflüchtigt hatte. Danach bestieg sie die Metro und ging, sehr zufrieden mit sich, nach Hause. Sie dachte an Andrés und labte sich schon an ihrem Sieg, den sie eines Tages bestimmt erzielen würde.

Es war wohl am selben Nachmittag, als Milagros sie anrief und ihr bis ins kleinste Detail von der Tragödie des freiwilligen Soldaten erzählte. »Du wirst es nicht glauben«, begann sie, und tatsächlich fiel es Malena schwer, die unfaßbare Ruhmestat dieses Idioten zu verdauen.

»Offensichtlich schnappten sie sich einen Neuling, zogen ihn aus, fesselten ihn mit den Armen an eine Säule und sagten ihm dann: ›Wir binden dich erst wieder los, wenn du dich uns anschließt, Schätzchen ...‹ Aber da Andrés ein unverbesserlicher Hornochse ist – so sehr er dir auch gefällt, Malena, und obwohl er mein Schwager wird –, ein Hornochse, ehrlich, vergaß er, dem Typen die Schuhe auszuziehen und seine Füße zu fesseln, tja, und als er ihm etwas zu nahe kam, verpaßte der andere ihm mit dem Springerstiefel einen Tritt in die Leber, so daß er hinfiel ... Dabei löste sich aus seiner Pistole ein Schuß, und eine Kugel drang in seine Brust. Jetzt liegt er halb tot im Militärkrankenhaus. Es wird noch eine Weile dauern, bis er wieder rauskommt ...«

Nach diesem Gespräch lief sie runter auf die Straße und kaufte sich in der Bäckerei an der Ecke eine kandierte Dattel. Sie verschlang sie mit drei Bissen und begann zu weinen.

Ich weiß nicht warum, aber in dem Maße, wie dieser Schwachkopf allen nur erdenklichen Unfug trieb, verspürte ich größeren Hunger. Aber ich durfte doch nichts essen, verstehen Sie, ich durfte nicht, bevor er nicht zurückgekehrt war, doch er kehrte nicht zurück, er war so sehr damit beschäftigt, ins Guinnessbuch zu kommen, den Rekord des größten Dummkopfs aller Zeiten zu brechen ... Zu dem Zeitpunkt begann ich mit meinen Kompensationsmarotten, es ist schwer zu erklären, Sie verstehen das vielleicht nicht, aber ich tröstete mich damit ...

Andrés starb nicht. Er verließ das Krankenhaus ziemlich übel zugerichtet, mit einem ewig langen Rehabilitationsprogramm vor sich, aber lebendig. Währenddessen hatte sie schon begonnen, jedem Menschen bestimmte Geschmäcker und Gerüche zuzuordnen, und rief sich diese jedesmal ins Gedächtnis, wenn sie auf einen ihrer Besitzer traf. Ihre Mutter roch nach Zitronentorte mit gebräunter Baiserhaube, ihr Vater nach frisch zubereiteten und etwas scharfen Innereien, ihr großer Bruder nach gebackenem Karpfen mit viel Knoblauch ... Die Sinnestäuschung löste sich nur an Dienstagen und Samstagen zur Essenszeit auf, denn an diesen Tagen aß sie immer noch nur Obst, doch besonders im Winter, wenn es außer Orangen, Mandarinen, Birnen und Äpfeln nichts gab – Bananen und Weintrauben machen dick –, fiel es ihr schwer, das fade, kalte Fruchtfleisch zu kauen, wenn sie von einem echten Festschmaus, ihrer Familie, umgeben war.

Sie nahm nicht zu, und wenn doch, tat sie es ganz langsam, fast unmerklich. Sie begann ihr Studium und erntete gewissermaßen die Früchte ihrer Hartnäckigkeit. Anfangs war sie sehr überrascht, denn sie sah sich weiterhin als das dicke, wenig attraktive Mädchen, immer noch als die Jungfrau des Flaschenspiels, aber mit der Zeit und durch die hartnäckigen männlichen Blicke gewöhnte sie sich daran, zu den begehrenswerten Studentinnen ersten Ranges zu gehören. Einige ihrer Kommilitoninnen begannen sogar zu tuscheln, sie bekäme nur gute Noten, weil sie so hübsch sei. Eigentlich war ihr egal, was sie redeten, denn schließlich konnte niemand behaupten, ihre Schönheit sei kein Verdienst.

Aber der Hunger wurde immer heftiger, und es gestaltete sich jedesmal schwieriger, ihn mit den erlaubten Nahrungsmitteln zu besänftigen, die inzwischen nach nichts mehr schmeckten, als hätten sie sich nach jahrelangem, ständig wiederholtem Verzehr abgenutzt. Tagsüber dachte sie ans Essen, nachts träumte sie vom Essen, sie kostete es, roch daran, verzehrte sich danach, sie gelüstete nach all diesen wunderbaren, schweren, gehaltvollen, zuckersüßen Lebensmitteln und Soßen, vor allem nach den Soßen ... Nur die Aussicht, nach Ceuta zu fahren – angeblich zu einer Studentenparty, in Wirklichkeit jedoch, um Andrés zu sehen –, ließ sie standhalten. »Mensch Malena, denk doch mal nach«, versuchte Milagros sie davon abzubringen. »Das glaubt doch kein Mensch, daß das ganze dritte Chemiesemester der Complutense-Uni nach Ceuta reist, ausgerechnet nach Ceuta, mein Gott! Das nimmt dir doch nicht mal der größte Dummkopf Nordafrikas ab, auch wenn er mein Schwager ist!« Malena hingegen tat, was sie für richtig hielt. Kurz bevor sie die Fahrkarte lösen wollte, rief Milagros sie an und teilte ihr mit, daß Andrés' Beschwerden seit seiner Entlassung aus dem Krankenhaus wohl daher rührten, daß jemand ein Skalpell in seinem Bauch vergessen hatte, so daß er noch mal operiert werden mußte. Also stürzte sie sich wieder ins Studium, in der Hoffnung, ihn nach dem Examen wiederzusehen. Entgegen allen Prognosen aber entzündete sich Andrés' Wunde, was erneut einen Krankenhausaufenthalt, den dritten, nötig machte. Malena war schon dabei, sich auf die Prüfungen des fünften Semesters vorzubereiten, als er, den klinischen Entlassungsschein in Händen, Ceuta verließ und schwor, daß er nie wieder einen Fuß auf afrikanische Erde setzen würde. Aber er kehrte nicht nach Spanien zurück. Sein Vater, ein Notar, zahlte ihm eine Erholungsreise in die Karibik. Malena reiste mit ihren

Kommilitonen nach Rom, um das gerade bestandene Examen zu feiern.

Eines Abends zur Essenszeit, während sich ihre sorglosen Kommilitonen in einem piemontesischen Restaurant an der Piazza del Quirinale mit *cotechini caldi* – delikate »Wurst im Schlafrock« – vollstopften, setzte sie sich in ein Straßencafé vor die Kirche Santa Maria Maggiore, die sie als angemessen schlichtes Szenario einschätzte, und bestellte eine Tasse Tee ohne Zucker, um das Proteingranulat, das aussah wie Blütenstaub und ihr einziges Nahrungsmittel an diesem Tag sein würde, darin aufzulösen. Da kam ein dunkelhaariger Mann um die fünfundzwanzig auf sie zu, mit ganz schmalen Lippen, einer so großen Nase und so knochigen Händen, daß sie ihm ohne zu zögern einen Fünf-Sterne-Geschmack, zumindest Entenbrust in süßsaurer Pflaumensoße, zuordnete. Er wirkte römisch, war aber Schotte und hieß Aleister. »Ich mag das italienische Essen auch nicht«, gestand er ihr augenzwinkernd. »Wo gibt's hier eine gute Lammpastete mit Pfefferminzsoße?«

Ich heiratete ihn, Sie sehen schon, was für eine Dummheit. Da Andrés nichts Besseres eingefallen war, als nach Kuba abzuhauen, ging ich hin und heiratete Aleister. Denn, sagte ich mir, was das ekelhafte Essen anbelangt, das ihm so schmeckte, werde ich kaum Probleme haben. Ich hatte weder mit dem Hammelbraten gerechnet noch mit dem halbrohen Fleisch, auch nicht mit diesem scheußlichen Akzent, den der Arme hatte, der mich Magdalena nannte, wie das spanische Gebäck, und manchmal dachte ich sogar, daß er das nur tat, um mich zu kränken, denn wem würde sonst einfallen, mir den Namen eines Lebensmittels zu geben?

Trotz allem begann nach der Rückkehr aus Rom eine gute Zeit für Malena. Sie bekam eine Stelle im Laboratorium einer multinationalen Firma für Fertigmahlzeiten und führte einen feurigen Briefwechsel mit ihrem Verlobten, der vom fernen Aberdeen aus seinem aromatischen Geschmack alle Ehre zu machen schien. Aber der Schlüssel zu ihrer Gelassenheit fand sich in einer ganz anderen Entdeckung; nach so vielen enttäuschten Annäherungen, Irrtümern und entmutigenden Fehlschlägen fand Malena endlich, was sie suchte: einen echten Ausweg zum Überleben.

Eines Nachmittags, als sie ihrem Vater widerwillig eine Vesper zubereitete und eine Dose süße Kondensmilch aus dem Kühlschrank nehmen wollte, stolperte einer ihrer kleinen Brüder über sie und warf sie fast um. Beim Versuch, das Gleichgewicht zu halten, steckte Malena unabsichtlich einen Finger bis zur Hälfte in die süße, weiße und dickflüssige Creme, die sich kalt und weich anfühlte, und empfand dabei lustvolles Vergnügen. Der Geschmack der letzten, heimlich und ohne Gewissensbisse verschlungenen Portion Kondensmilch stieg in ihrer Erinnerung auf und erfüllte ihren Mund. Verwirrt nahm sie die Dose mit in ihr Zimmer und versuchte es mit der ganzen Hand; sie steckte sie bis zum Handgelenk in die Dose und zog sie dann langsam heraus, wobei sie zusah, wie sich die Tropfen von den Fingerspitzen lösten und mit dumpfem Gluckern zurücktropften. Das wiederholte sie ein paarmal, und dann, Vorsichtsmaßnahmen ergreifend, damit sie sich nicht bekleckerte, hob sie die Hand und schmierte sich das ganze Gesicht damit ein. So verharrte sie eine ganze Weile und genoß das verbotene Vergnügen, bis ihre Haut wie bei einer Gesichtsmaske anfing zu spannen. Sie wusch sich gründlich mit kaltem Wasser und lächelte. An jenem Abend aß sie nichts, sie hatte keinen Hunger. Statt dessen gönnte sie sich anderthalb Gin-Tonic.

Seit damals bemühte sich Malena, den Geschmackssinn mit den anderen vier Körpersinnen zu ersetzen. Zuerst war es der Tastsinn; es gab mehrere Intensitätsgrade, vom einfachsten Festmahl – die Hände in eine Schüssel voller Russischen Salat stecken – bis zum üppigsten Galadiner – völlig nackt in einer Badewanne voller warmer und in viel Butter geschwenkter Spaghetti liegen. Später, als Aleister nach Madrid zog und anfing, sich vollkommen rücksichtslos zu verhalten, indem er darauf bestand, immer in dasselbe Restaurant zu gehen, wo er ganz allein einen Hammelbraten verschlang und dazu ohne ihre Erlaubnis auch noch ihren immergleichen grünen Salat, den sie als einzigen Gang bestellte, mit ihr teilte, reichte das Tastsinnexperiment nicht mehr aus, besonders, als sie erfuhr, daß Andrés in Havanna von einem Revolutionstribunal zu einer Mindeststrafe von zehn Jahren und acht Monaten Gefängnis verurteilt worden war, weil er Kubanern zur Flucht nach Miami verholfen hatte. Milagros erzählte es ihr am Telefon.

»Nun, offensichtlich ist Andrés einer Mulattin über den Weg gelaufen, die ihn zum Idioten machte. Denn als er mit seinem Quatsch kam – ›Ich begehre dich ja so, wenn du mit mir schläfst, hol ich dich hier raus‹ –, wartete sie eine passende Gelegenheit ab und sagte eines Nachmittags zu ihm: ›Schau, kleiner Spanier, du gehst heute nacht zu dem und dem Strand, soundso viele Kilometer entfernt, an der und der Stelle wirst du an einem Boot jede Menge Leute treffen. Du mußt nur hingehen, ihnen sagen, daß ich dich geschickt habe, und von allen die gleiche Summe kassieren. Wenn du das Geld hast, komm mich holen. Ich warte hinter den Dünen auf dich, nackt und brennend vor Begierde …‹ Nun ja, den Rest kannst du dir denken. Wer hinter den Dünen auftauchte, war die Polizei, und das Ende kennst du schon, zehn Jahre im Kittchen …«

Diesmal weinte sie nicht, als sie auflegte. Sie entschied lediglich, Aleister zu heiraten. Sie ging zum Kühlschrank, holte ein längliches, in Alufolie gewickeltes Päckchen heraus, schloß sich damit ins Badezimmer ein und stülpte sich eine Plastikhaube übers Haar. Sie stellte sich vor den Spiegel, öffnete ihre Beute und holte zwei große Zwiebelblutwürste heraus. Mit der rechten Hand quetschte sie eine davon zusammen und drückte mit den Fingerspitzen so fest auf den Naturdarm, bis er an mehreren Stellen platzte und eine rote Masse aus Blut und Speckstückchen hervorquoll, die sie sich über das ganze Gesicht schmierte. Dann zog sie die Bluse aus, preßte die zweite Blutwurst aus und verteilte den Inhalt sorgfältig über ihre Brust. Ein winziges Fettstückchen blieb an einer ihrer Brustwarzen kleben. Sie betrachtete es lächelnd, schloß die Augen und entdeckte überrascht die sättigenden Eigenschaften des Geruchs von Innereien und Wurstwaren aus Schweinefleisch. Als sie sich wenige Minuten später duschte, beschloß sie, daß die Hochzeitsreise die Geruchsphase eröffnen würde. Und so war es.

Nun, daß meine Ehe eine Katastrophe war, können Sie sich ja vorstellen. Die Hochzeitsreise verlief ganz gut, denn wir verbrachten sie in Griechenland, ein wunderbares Land, so schön, so lebendig, so lustig, dort war ich fast glücklich. Da die Griechen ihre Mahlzeiten gewöhnlich kräftig würzen, war meine Nase schon satt, wenn ich mich hinsetzte, um ein paar in Wein gekochte Weinblätter zu essen, die gar nicht schlecht schmeckten, wohl weil sie etwas Neues für mich waren ... Und Aleister mußte das Hackfleisch ertragen, ha, das war das Beste, denn es gibt keine Steaks in Griechenland, also, ich lachte natürlich nicht, und da er halb tot vor Hunger war, versüßte ich ihm die Siestas im Bett. Er roch noch immer nach Entenbrust, und das mochte ich noch im-

mer, wissen Sie ... Aber dann kehrten wir hierher zurück, und er entdeckte Saubohnen mit Muscheln, und alles wurde noch schlimmer, bis er schließlich nach dem Porridge der vergangenen Woche zu riechen begann. Und dann hatte er diesen Gichtanfall und wurde Vegetarier ...

Aleisters Krankheit, jener schreckliche Anfall, den sie niemals würde vergessen können – ihr Mann fahl, unbeweglich, mit hervorquellenden Augen und schweißnassen Händen, die Venen fast am Platzen –, verlagerte Malenas Schlemmerei auf den Hörsinn. Alles begann in jener Nacht: eine Schüssel Saubohnen mit Muscheln und zwei Kilo Rinderfilets auf Holzkohle gegrillt, ein Krankenwagen, ein ungläubiger Notarzt, der eine Untersuchung nach der anderen anordnete, die Diagnose und die nachfolgende Behandlung. Tausend Kalorien pro Tag, ein kleines weißes Kalbsfilet aus dem Backofen alle vierzehn Tage – er hatte noch mal Glück gehabt. Anfangs war sie sehr zufrieden; sie wollte glauben, daß Aleisters Diät ihre Ehe retten würde, aber sie hatte sich geirrt. Erst da begriff sie, daß ihr Mann nie in sie verliebt gewesen war. Denn Liebe ist das einzige, was eine Diät erträglich macht; Malena wußte das sehr gut, und Aleister liebte sie nicht. Er wurde traurig, grau, schweigsam und schwermütig, und schließlich wurde er in seiner Unfähigkeit, Maß zu halten, zum Vegetarier, hielt eine Diät ein, die ihn langsam und unerbittlich zur Impotenz führen würde.

Eines Morgens, als er sich gerade einen Salat zubereitete, vernahm Malena ein knirschendes, lustiges Geräusch, das nur von einem Nahrungsmittel stammen konnte. Sie ging ihm nach und beobachtete verzückt ihren Mann, der ein Bund Radieschen in feine, durchsichtige Scheibchen schnitt. Am Nachmittag, als sie allein im Haus war, kochte sie einen großen Topf voll stark gewürzter Zwiebelleber, um danach ihr Gesicht hineinzuversenken. Sie atmete mit einem Handtuch über dem Kopf den köstlichen Bratengeruch ein, um nur ja nichts vom Aroma zu verlieren. Nachdem sie ein kleines Stückchen Fleisch gegessen und den Rest in den Müll geworfen hatte, kam ihr plötzlich eine Idee: Sie nahm ein scharfes Messer und probierte es an einem sehr harten Rotkohl aus. Ihre Ohren erfüllte ein wundervoller Klang, der fähig war, ihren Gaumen zu erklimmen, und in den folgenden Tagen wiederholte sie das Experiment mit verschiedenen Materialien. Besonders schätzte sie die klangvolle Zerstörung frisch gebackener Baisers, in Salzwasser gekochten Fischs und eines Ferkelbratens mit einer dicken, goldgelb gebräunten Kruste, letztere eindeutig am unwiderstehlichsten beim Auseinanderbrechen.

An Andrés dachte sie nur selten, sie war ganz mit ihren eigenen Problemen beschäftigt und der mühseligen Aufgabe, mit Aleister zusammenzuleben. Währenddessen nahm die Grausamkeit ihres Körpers gegenüber ihrem Appetit stetig zu, und wenn sie wirkliches Essen zu sich nahm, kostete es sie immer mehr Kraft, die Linie zu bewahren, so daß sie fast unmerklich dazu überging, ausschließlich die Diätschweinereien aus der Apotheke zu schlucken: Shakes, die nach Talkumpulver schmeckten, Suppen, die nach Talkumpulver schmeckten, Schokoladenpralinen, die nach Talkumpulver schmeckten, Kekse, die nach Talkumpulver schmeckten … Zum Ausgleich häuften sich die täglich perverser werdenden Laster, für die sie fast immer das Bad benötigte, denn es waren im wörtlichen Sinne schmutzige Laster. Am meisten liebte sie es, ganz langsam einen großen Krug heißer Schokoladensoße ihre Leisten hinablaufen zu lassen, während sie zurückgelehnt und mit gespreizten Beinen in der Badewanne lag und zusah, wie zwei kleine braune, glatte und glänzende Rinnsale über ihre Haut liefen und dabei ihren

Bauch wärmten, wie damals, als Aleister noch nach Entenbrust schmeckte.

Sie wollte doch nur diesen Geschmack zurückgewinnen, Aleister zurückgewinnen, ihn nicht umbringen, sondern, ganz im Gegenteil, ihn ein bißchen ins Leben zurückholen. Deshalb stellte sie den Gartengrill wieder auf und schenkte ihm ein Kilo der berühmten Avila-Koteletts. Sein Gesicht leuchtete, er lachte wie ein zufriedenes Kind. »Es ist dein Geburtstag«, ermunterte sie ihn, »los, einmal ist keinmal, es wird dir nichts geschehen ...« Ihre Worte stellten sich als Prophezeiung heraus, denn es geschah ihm wirklich nichts mehr, in der Tat, wirklich gar nichts, denn nach dem Nachtisch erstarrte er. Malena trauerte nicht sehr um ihn, sie war auch nicht wirklich von der Nachricht beunruhigt, die ihr Milagros beim Begräbnis, kurz nachdem sie eine Handvoll Erde auf den Sarg geworfen hatte, ins Ohr flüsterte.

»Ein starkes Stück, Mädchen, ernsthaft, verglichen mit dem, was Andrés in Miami wieder angestellt hat, ist der Tod deiner Vogelscheuche von einem Schotten eine Bagatelle, ernsthaft ... Stell dir vor, kaum ist er in den Vereinigten Staaten gelandet, läuft ihm diesmal ein Mulatte über den Weg, ein Hüne von einem Meter achtzig, du siehst schon, und das nach alledem, also wirklich, das mit meinem Schwager ist nicht normal, Malena, keineswegs ... Im Gefängnis erlitt er offensichtlich eine sexuelle Verwirrung, mit achtunddreißig Jahren fängt er an zu zweifeln, also so ein Idiot, ich kann dir sagen ... Kurz und gut, das gleiche wie in Havanna. ›Ich begehre dich so, ich brauche dich, du bist der erste Mann meines Lebens, wenn du mich zurückweist, bringe ich mich um.‹ Und der andere, genau wie die Kubanerin: ›Nimm dieses Päckchen, Schatz‹, sagt er zu ihm, ›steck es in die Hosentasche und bring es heute nacht in besagte Avenue, Ecke soundso, wo dich ein rothaariger Mann erwartet und dir eine

Menge Knete gibt, wenn du ihm das Päckchen aushändigst. Wenn du die Moneten hast, komm mich holen, ich werde dich zu Hause erwarten und nur für dich Gewichte stemmen ...‹ Du kannst dir vorstellen, was passiert ist, nicht wahr? Die Polizei. Spezialeinheit für Drogendelikte ... Tja, die Liebe deines Lebens hatte ein halbes Kilo Heroin in seinem Päckchen. Schön blöd. Sie haben ihn zu zehn Jahren Schwerstarbeit in einer Strafanstalt in Wisconsin verdonnert ...«

So wurde ich mit fünfunddreißig Jahren und einer guten Figur, das ja, Witwe, und jetzt werden Sie mir gleich erzählen, was mir das alles genutzt hat. Weil ich nie aufgehört habe, auf Andrés zu warten, auch nicht, als ich von diesem Mulatten erfuhr – Perry hieß er, Sie sehen schon, was für ein geschmackloser Name –, niemals, ich konnte es schlicht nicht, ich schaffte es nicht, mich in einen anderen zu verlieben, nicht einmal, nachdem ich mich mit dem Jungen aus dem Supermarkt getroffen hatte ...

Vicente, der sie schon von Kindheit an kannte, als er noch am Wochenende mit seiner Mutter an der Kasse stand, starrte sie an, als wäre ihm auf einer Wolke schwebend die Jungfrau Maria erschienen. Malena wiederholte ihr Angebot: »Hast du wirklich keine Lust, dir fünftausend Peseten zu verdienen?« Da nickte er, auf, ab, wie ein Automat, als hätte jemand einen Knopf gedrückt. »Dann setz dich und iß«, befahl sie am anderen Ende des gedeckten Tisches, der mit Schüsseln dampfender Speisen überladen war. Der Junge, siebzehn Jahre alt, dünn, mit einem hübschen Gesicht und vermutlich einem Duft nach geschälten und gerösteten Erdnüssen mit weniger Salz als gewöhnlich, sah sie erst ängstlich an, setzte sich dann aber und fing an zu essen.

»Muß ich alles aufessen?« fragte er eine halbe Stunde später, nachdem er einen gemischten Salat, eine Schüssel Eintopf, ein halbes Brathähnchen und zwei Stück Kuchen verschlungen hatte. Gemächlich an einem Stückchen getoastetem Vollkornbrot kauend, lächelte sie ihn offen an und schüttelte den Kopf. Sie war satt. Ihn essen zu sehen, einfach dazusitzen und ihm zuzuschauen hatte sie ausgiebiger gesättigt als erwartet. Sie hielt ihm einen Schein hin. »Vielen Dank«, sagte sie. »Dich essen zu sehen hat mir sehr gutgetan.« – »Und ich muß nichts weiter tun?« fragte er ungläubig. »Nein, nichts weiter. Wenn du willst, können wir das am Freitag wieder machen.«

Er kam freitags und montags und mittwochs, und Malena gewöhnte sich daran, drei Tage in der Woche durch seinen Mund zu essen, sich durch ihn zu ernähren und sich dabei zu amüsieren, so sehr, daß sie ihre eigenen Mahlzeiten – eine Vielfalt an festen, löslichen und gashaltigen Nahrungspulvern – einstellte und sich darauf beschränkte, unbeweglich zu verharren, ihm, das Kinn auf die Hände und die Ellbogen auf den Tisch gestützt, mit halboffenen Lippen und einem aufrichtig zufriedenen Lächeln nur zuzuschauen. Vicente wunderte sich sehr; sie merkte, daß er sie merkwürdig ansah, und spürte seine Angst. »Was ist los mit dir?« fragte sie eines Tages, als die Spannung sich in der Luft breitmachte, und er antwortete mit einem Kopfschütteln, nichts, aber sie bohrte nach und erfuhr die Wahrheit. »Werden Sie bitte nicht böse«, so fing er an, »versprechen Sie mir, daß Sie nicht böse werden, denn um nichts auf der Welt möchte ich, daß Sie mir böse sind … Also«, murmelte er schließlich zögernd, »ich dachte, Sie befriedigen sich selbst, wenn Sie mir beim Essen zusehen, wissen Sie? Ich weiß schon, das klingt merkwürdig, aber es gibt so seltsame Leute, und mir ist das eigentlich egal, das schwör ich Ihnen, ich glaube, daß jeder die Freiheit hat, zu tun, was er will ... Kurz, ich hatte mich schon an die Idee gewöhnt, und jetzt ... jetzt haben Sie die ganze Zeit die Hände auf dem Tisch, ich weiß nicht, na ja, jetzt verstehe ich nichts mehr ...« – »Macht nichts«, antwortete Malena freundlich. »Ich bezahle dich dafür, daß du vor meinen Augen ißt, nicht, damit du mich verstehst.«

Kurz und gut, hier bin ich nun, sechsundvierzig Jahre alt, habe den dümmsten Mann der Welt im Bett und ein weißes Zettelchen von einem Arzt, den ich heute nachmittag aufgesucht habe, auf dem in etwa steht, daß sich mein Stoffwechsel schon vor vielen Jahren verändert hat und ich deshalb nur drei Kilo zugenommen habe, obwohl ich seit drei Monaten wie ein Scheunendrescher esse. Wie finden Sie das? Schön, nicht wahr? Dafür habe ich nun mein ganzes Leben lang gelitten. Deshalb bringe ich mich um, Herr Richter, noch heute nacht bringe ich mich um, ich ertrage es nicht mehr, ich schwöre Ihnen bei meinen Toten, daß ich mich umbringe ...

In diesem Augenblick wachte Andrés auf und sah sie an. »Was für ein angenehmes Schläfchen, Pummelchen«, rief er als einzigen Gruß. Dann rülpste er ein paarmal und fragte sie, wie es ihr im Krankenhaus ergangen sei. Malena antwortete ausweichend, gut, sie hatte keine Lust, diesem Tölpel Erklärungen abzugeben, denn das mit dem Arzt war einfach schlimm gewesen. Und das, obwohl sie eigentlich etwas Schlimmeres erwartet hatte, eine tödliche Krankheit, Krebs, irgend etwas, sie konnte es sich nicht erklären, sie begriff einfach nicht, was in letzter Zeit geschehen war. Seit ihrem Wiedersehen mit Andrés aß sie alles, oder besser gesagt, nur ausgesprochen kalorienreiche Nahrungsmittel in riesigen Mengen, aber sie hatte kaum zugenommen, zwei Kilo und neunhundertsechzig Gramm, ihre Kleider paßten noch, alles blieb beim alten, es war nicht zu glauben. Und dann war ihr der Arzt mit den Stoffwechselveränderungen gekommen, und sie hatte wie ein Kind zu weinen angefangen, denn jetzt konnte sie sich nicht an Andrés rächen, nicht einmal mehr an sich selbst konnte sie sich rächen ...

Während er duschte, unterschrieb Malena den Brief, steckte ihn in einen Umschlag und legte ihn in eine Schublade. Sie hatte für ihren Selbstmord vage an die kommende Nacht gedacht, ohne die genaue Uhrzeit festzulegen. Nach Milagros' Party wäre es günstig, irgendwann, es war einerlei, schließlich war es nicht so schwierig, einen Strick an die Lampe zu hängen, einen kleinen Satz zu machen und tschüs. Sie ging in das jetzt immer hellerleuchtete Bad; da dies ihr letzter Auftritt in der Öffentlichkeit sein würde, schminkte sie sich sehr sorgfältig. Tatsächlich fand sie sich ausgesprochen attraktiv, was sie ärgerte, und daß Andrés verdutzt zu ihr sagte: »Du bist wunderschön!«, als er sie in dem dunkelblauen Paillettenkleid und mit hochgestecktem Haar sah, schien ihr noch schlimmer und höchst irritierend für eine zukünftige Selbstmörderin. Auf der Party, die sich als unerträgliches Ärgernis herausstellte, erhielt sie noch mehr Komplimente. Während Andrés darauf wartete, am Billardtisch an die Reihe zu kommen, schickte sie sich an, das Buffet zu plündern – das sie übrigens deprimierend armselig fand für ihr letztes Essen. Als sie es schon fast leergeräumt hatte, raunte ihr eine sanfte Männerstimme eine vertraute Bemerkung ins Ohr: »Was für ein Glück, alles essen zu können und nicht zuzunehmen ...« Malena drehte sich um und sah Andrés' junges Ebenbild vor sich, das sie noch immer liebte, aber niemals besitzen würde, einen Jüngling mit zerbrechlichem, bewundernswertem Körper, dessen feine, sich kaum abzeichnende Lippen einen treulosen und erfahrenen Liebhaber verhießen, was ihr eine Folge von kalten und warmen Schauern über den Rücken jagte. Er war vollständig weiß gekleidet, genau wie der andere Andrés, der an jenem Nachmittag der Küsse und der Tränen verlorene Andrés, als sich die braune Flasche unaufhaltsam auf dem Zementboden drehte.

»Du mußt Andrésito sein, Milagros' ältester Sohn, der in England studiert hat, nicht wahr?« murmelte sie, während ihre Beine wie Wackelpudding zitterten. »Genau der«, bestätigte er. »Und du bist Malena, die Freundin meines Onkels, oder?« Sie nickte, nahm ihn bei der Hand und zog ihn in eine Ecke. Sie hatte das Gefühl, zu schweben, ihr Körper war vor Ergriffenheit wie aufgelöst, ein zarter Schatten, flüchtig wie ein Gespenst. Sie verbrachten den ganzen Abend miteinander. Malena sagte wenig, er erzählte ihr alles mögliche: Daß er gerade angekommen sei, nicht auf die Universität gehen würde, sondern auf die Schauspielschule, daß er Schauspieler werden wollte und keine Arbeit fand, daß er nichts essen konnte, weil er so leicht zunehmen würde und Dicke im Kino niemals Erfolg hätten, daß er sich in Form halten müsse, nein, er hätte keine Freundin, nun ja, eigentlich würden ihm Mädchen nicht gefallen ... Malena lauschte dem allen, ohne einmal zu blinzeln, ihr war das egal, sie sah ihn nur an und lächelte, sie berührte ihn und lächelte, seit vielen Jahren hatte sie sich nicht so glücklich gefühlt. »Um ehrlich zu sein, ich langweile mich ziemlich«, sagte er schließlich. Sie dachte einen Augenblick nach, sah ihn aus den Augenwinkeln an, senkte den Blick, zögerte erneut, war noch unschlüssig, sah ihn wieder an und hatte sich endlich entschieden. »Hast du Lust, etwas Verrücktes zu tun?« fragte sie mit rauher Stimme und glänzenden Augen. Er war überrascht und antwortete nicht gleich. »Sündigst du gerne?« insistierte sie, während sie ihn fest am Arm packte. Schließlich gestand er, ja, das täte er gerne.

Da schleppte Malena ihn hinaus, schob ihn in ihren Wagen und fuhr, ohne auch nur eine einzige seiner Fragen zu beantworten, zu sich nach Hause. Sie öffnete die Tür, und nachdem sie ihm den Vorschlag gemacht hatte, ins Badezimmer zu gehen und sich auszuziehen, schloß sie sich in die Küche ein und räumte den Gefrierschrank leer, der seit drei Monaten mit Fertiggerichten vollgestopft war, die man nach kurzem Aufwärmen in der Mikrowelle servieren konnte. Wenige Minuten später gesellte sie sich, beladen mit einem Tablett voller zugedeckter Gefäße zu ihrem Gast ins Badezimmer. Andrésito saß noch vollständig angezogen und absolut verwirrt auf dem Rand der Badewanne. »Was hast du mit mir vor?« fragte er erschrocken. »Ich habe dir doch schon gesagt, daß ich keine Mädchen mag.« – »Ich bin kein Mädchen, Dummkopf«, antwortete sie. »Ich bin, was man eine reife Frau nennt, und ich werde dich nur füttern, also, zieh dich aus und setz dich in die Wanne, los.«

Malena zog sich auch aus, band sich und Andrésito große Plastiklätzchen um, setzte sich rittlings auf ihn und begann, ihn mit mit Seehecht gefüllten Paprikas zu füttern. »Also, Liebling, mach den Mund auf, ein Löffelchen für Mama …« Sie trennte die zartrosa Haut mit der Gabelspitze ab, hantierte vorsichtig herum, um mit den Gabelzinken ein Stückchen Gemüse und die entsprechende Portion Füllung aufzuspießen, und nachdem sie es in die Soße getaucht hatte, führte sie es zu seinem geöffneten Mund und säuberte ihm danach mit der Serviettenspitze die Lippen. Nachdem sie ihm einen Schluck Wein angeboten hatte, wiederholte sie den Vorgang. Sie aß nichts, sie brauchte das nicht, sie hatte genug davon, ihn anzusehen, sich an seinem Lächeln zu betrinken. Er wurde immer entspannter und gleichzeitig immer satter, sein Gesicht schwitzte zunehmend, seine Wangen leuchteten allmählich, während er alles verschlang, was sie ihm in den Mund schob, eine Pastete mit Spargel und Mayonnaise, eine Tasse Gazpacho, eine Quiche Lorraine, ein Stückchen gebratenen Seebarsch, einige überbackene Riesencrevetten, ein winzigkleines Stückchen gebratene Chorizo-Wurst mit Brot, ein kaltes gebratenes Hühnerbrüstchen, ein paar Lammfleischklößchen mit viel Soße, so viel, daß sie ihm aus beiden Mundwinkeln über das Lätzchen auf seine Brust tropfte, aber das war alles egal, er aß und war glücklich, und sie gewann augenblicklich ihre Geistesgegenwart zurück und entschied, sich nie umzubringen, nie Selbstmord zu begehen. Als erstes würde sie ohne Bedauern Andrés verlassen, und dann würde sie ihr Leben bis zum Ende voll ausschöpfen, solange sie noch Zähne hatte. So in ihre Gedanken versunken, passierte es ihr, daß sich ein Löffel Soße, dafür gedacht, mit einem Stückchen Wild im Mund ihres Gastes zu landen, auf dessen Körper ergoß. Sie bat ihn wegen ihrer Schusseligkeit um Verzeihung, aber er antwortete nicht, weil er nichts mehr sehen konnte mit seinen verdrehten Augen, seinen geschwollenen Lippen und bleichen, fast durchsichtigen, vor lauter Anstrengung eingefallenen Wangen. Und da, während sie sich mit dem Oberkörper aus der Wanne beugte und versuchte, den Löffel mit einer weiteren Portion Johannisbeersoße zu füllen, und sie erstaunt die noch unberührte Schokoladensauce auf dem Tablett gewahr wurde – denn sie waren noch nicht mal beim Nachtisch angekommen –, da spürte sie ihr Verlangen aufsteigen, ihr Körper brannte innerlich vor Verlangen, und in dem Augenblick begriff sie. Sie sah Andrésito an, der, todmüde, mit gespanntem Bauch und verrenktem Kiefer, mit schlaffen Beinen und den Magen zum Platzen voll, kaum wahrnehmbar vor- und zurückwippte, sich auf sie zu bewegte, in ihr bewegte. Und erst da fragte sie sich, wonach ihr unverhoffter Geliebter schmecken würde, welch köstlichen Geschmack er wohl hätte, und entschlossen, die Initiative zu ergreifen, ihn gemütlich zu reiten, sanft genug, um sein Leben nicht zu gefährden, beugte sie sich vor und küßte ihn. Doch obgleich der wirkliche Festschmaus doch gerade erst angefangen hatte, konnte sie in seinem Mund keinen anderen Geschmack als den des Speichels ausfindig machen.

Blinde Augen

Geschichte einer Erscheinung

»Hör mal, Miguela, laß doch endlich von diesem Spiegel ab, ich habe heute viel zu bügeln! Willst du mir nicht helfen, die Hemden zu bügeln?«

»Sie kommt nicht ...«

»Ich rede nicht mit dir, du Neunmalkluge, ich bin es leid, daß du reinkommst und schon alles besser weißt, unerhört ...«

»Sie will nicht. Du wirst deine Hemden ganz allein zusammenlegen müssen, Süße, und hör auf, in diesem Ton mit mir zu reden, denn ich bin eine zahlende Patientin, hast du verstanden, eine zahlende, eine Señora, das bin ich, und ich erlaube dir nicht, mich zu behandeln, als sei ich eine Putzfrau wie du, denn du bist hier, um mir den Hintern abzuwischen, wenn ich das möchte, damit du das ein für allemal begreifst, dafür zahle ich jeden Monat, nicht wie diese unglückselige Arme. Ist doch völlig klar, daß sie aus Barmherzigkeit aufgenommen wurde, und du nutzt das aus, um sie auszubeuten, das tust du doch, sie ausbeuten, du läßt sie den ganzen Tag bügeln, die Arme, weil sie keinen Verstand hat.«

»Sei schon still, Queti ...«

»Ich bin nicht still, weil ich nicht will.«

»Das nennt sich Beschäftigungstherapie! Hörst du? Beschäftigung! Und ich denke nicht daran, dein Benehmen noch eine Minute länger zu ertragen.«

»O Schreck! Schau, wie ich zittere ...«

»Señorita Rosalía!«

»Du bist eine alte Petze, Gregoria.«

»Señorita, können Sie bitte kurz herkommen?«

»Eine Petze und ein Ekel!«

»Guten Tag, Queti, Miguela ... Was ist los, Gregoria?«

»Schauen Sie, Señorita Rosalía –«

»Frau Doktor Aguilera!«

»Na gut, Señorita Doktor, hören Sie mir einen Moment zu, diese verrückte Queti –«

»Gregoria!«

»Aber ich ertrage sie nicht mehr ...«

»Kommen Sie auf der Stelle mit, Gregoria!«

»Hast du gesehen, Migue? Sie nimmt sie beiseite, um ihr eine Standpauke zu halten, das hat sie nun davon, dieses Ekel, mich verrückt zu nennen. Aber ich zahle, verstehst du, Miguela, und deshalb können sie mich weder verrückt noch sonstwas nennen, dich hingegen können sie ohne weiteres Mongoloide nennen, wegen des Geldes, verstehst du? – Nichts, sie hört mich gar nicht, dieser Dummkopf ... Laß doch endlich von dem Spiegel ab, verdammt, so schön du dich auch findest, einmal wird es sich abnutzen!«

»Hören Sie, Gregoria, ich habe Sie schon so oft darauf hingewiesen. Diese Frau ist krank, und Kranke behandelt man respektvoll.«

»Ja, Señorita.«

»Ja, Frau Doktor. Und ich sage es Ihnen zum letzten Mal. Wenn Sie nicht in der Lage sind, Queti höflich zu behandeln, werde ich mich gezwungen sehen, auf Ihre Dienste zu verzichten. Wir haben schon genug Probleme mit der Renovierung des Gebäudes und der Eingewöhnung der Älteren. Machen Sie mir nicht noch mehr Kopfzerbrechen, ich bitte Sie darum.«

»Ja, Señorita.«

»Ja, Frau Doktor.«

»Genau, Frau Doktor.«

»Vielen Dank. Ich möchte Sie meinem neuen Assistenten, Herrn Doktor Salgado, vorstellen, ich war gerade dabei, ihm das Zentrum zu zeigen ... Fernando, das ist Gregoria, eine der Mitarbeiterinnen. Sie kümmert sich um die Betreuung und hilft auch mal in der Küche aus, wenn nötig. Nun gut, eigentlich macht sie von allem ein bißchen, wie die anderen ... Genaugenommen haben wir nicht gerade übermäßig viel Personal.«

»Nun ja, die Irrenhäuser –«

»Das hier ist kein Irrenhaus, Gregoria. Es ist ein Zentrum für geistige Gesundheit.«

»Natürlich, Señorita. Wie geht es Ihnen, Herr Doktor?«

»Erfreut, Sie kennenzulernen.«

»Also gut. Und jetzt ... wollen Sie mir jetzt erzählen, was vorgefallen ist?«

»Miguela macht mir in letzter Zeit Sorgen, Señorita. Ich weiß nicht, ob es daran liegt, daß sich diese Queti wie eine Klette an sie gehängt hat und den ganzen Tag mit ihr verbringt, aber Migue verhält sich so merkwürdig. Sie kommt nur zum Essen aus ihrer Ecke raus, sie will nicht in den Garten und mir auch nicht beim Hemdenzusammenlegen helfen, und schauen Sie, es hat ihr so gefallen, seit ich es ihr im Zentrum in Vicálvaro beigebracht hatte, sie legte alle gleichmäßig zusammen, perfekt ... Es hat ihr nicht gutgetan, hierher in die Berge zu ziehen, denn seit wir angekommen sind, tut sie fast nichts anderes, als sich im Spiegel zu betrachten. Sobald sie morgens aufgestanden ist, setzt sie sich auf den Boden und betrachtet sich im Spiegel. Weiter nichts.«

»Ist sie bedrückt?«

»Nein, Señorita, woher denn ... Ganz im Gegenteil, das ist das Merkwürdigste, sie scheint sehr zufrieden, sie lächelt die ganze Zeit und nennt sich selbst hübsch, sie sagt es leise zu sich selbst, ohne Unterlaß, hübsch, hübsch, Migue hübsch, ich weiß schon nicht mehr, was ich mit ihr machen soll, ehrlich.«

»Ist sie schon lange bei euch?«

»Etwa fünf oder sechs Jahre, nicht wahr, Gregoria?«

»Ja, Señorita.«

»Probleme?«

»Nein, keine, soweit ich weiß. Sie ist eine sehr gefügige Patientin. Down-Syndrom mit den üblichen Atmungskomplikationen, achtunddreißig Jahre alt, weiter nichts.«

»Schon ziemlich alt, oder?«

»Ja, die Arme. Miguela Uncidos Gómez. Als ihre Mutter noch lebte – sie war Witwe eines Bahnangestellten und erhielt eine gute Rente –, kümmerte sie sich um Miguela. Migue fehlte es an nichts: Sie erzog sie, als wäre sie ein normales Mädchen, sie war die einzige Tochter. Als die Mutter starb, kam sie zu uns. Sie hat einen guten Charakter, ist sehr liebevoll ... Ihre einzige Marotte ist der Spaziergang nach dem Abendessen. Offensichtlich hat sie in ihrem Dorf jeden Abend ihre Cousinen ausgehen sehen, und es machte sie sehr zornig, nicht das gleiche machen zu können, so daß ihre Mutter ihr angewöhnte, um sechs Uhr nachmittags zu Abend zu essen, und sie dann noch eine Weile draußen ließ. Wir machen dasselbe. Wenn die anderen vespern, bekommt sie das Abendbrot, und dann geht sie in den Garten. Man kann sie allein lassen; sie ist auf dem geistigen Stand eines sieben- oder achtjährigen Kindes ...«

»Und die andere?«

»Queti? Die ist ein ganz anderer Fall. María Enriqueta

Martínez de Mandojana, aus einer der besten Familien Vitorias, gräßliche Menopause, siebenundfünfzig Jahre alt, verheiratet, sechs Kinder, eines davon heroinabhängig, starb vor fünfzehn Monaten an einer Überdosis. Damals wurde sie eingeliefert, sie sagt, ihr Mann hätte ihn umgebracht ...«

»Phantasiert sie?«

»Ja, das klassische Bild.«

Ausgerechnet mir mußten sie das antun, mir, der Tochter meiner Mutter, María Enriqueta Martínez de Mandojana y Velarde, gerade mir, die ich mit einem halben Dutzend Hausmädchen in einer riesigen Wohnung in der Dato-Straße aufgewachsen bin, wo wir schon nicht mehr wußten, wohin mit dem Silber, soviel hatten wir davon ... Denn mein Vater war Richter, Don Juan, so wurde er von allen genannt, und ich war sein Liebling; es machte Spaß, mit ihm unterwegs zu sein, alle grüßten uns, na klar, er flößte ihnen Angst ein, weil er so viel Macht hatte ... Armer Papa! Er hatte mich gewarnt: Heirate deinen Verlobten nicht, der ist hinter deinem Geld her, der ist eine Niete; wie recht er hatte, unglaublich, aber Antonio war so hübsch, er sah so gut aus ... Scheißkerl! Natürlich hast du mich nach Salvatierra gefragt, als wir verlobt waren, ich erinnere mich noch ... »Sag mal, Queti, stimmt es, daß deiner Mutter das halbe Dorf gehört?« Und ich habe dir alles erzählt, du Scheißkerl, du elender Scheißkerl, das habe ich nun davon, du hast mir all mein Geld gestohlen, du hast mir alles genommen, und jetzt läufst du herum und erzählst, daß Mama nur ein paar Weinberge gehörten und du sie mit meinem Einverständnis verkauft hast. Das ist gelogen, hörst du? Eine verdammte Lüge! Ich, die ich wie eine Königin aufgewachsen bin, mit gestärkten Röcken; bei mir zu Hause wurden täglich die Bettlaken gewechselt; aber was weißt du schon davon. Du bist und bleibst ein Hungerleider, trotz allem, was du gestohlen hast, ein Hungerleider, der bestimmt eine finden wird, die dir das Geld aus der Tasche zieht und die dich dann fallenläßt, denn das ist es, was du verdienst ... Eine Prinzessin war ich, eine echte Prinzessin, und ich weiß nicht, warum ich mich auf dich versteifen mußte, bei den vielen Verehrern, die ich hatte, Militärs, Bürgermeister, Millionäre, sogar einen König, das habe ich dir nie erzählt, ein seltsamer König aus einem dieser klitzekleinen Länder irgendwo bei Rußland, ein König, der geschäftlich nach Vitoria gekommen war und sich in mich verliebt hatte und mir schrieb, und den wies ich wegen dir zurück, du Schwein, nichts geringeres als einen Thron wies ich ab. Und jetzt hast du mich in dieses Irrenhaus gesperrt und sagst, ich sei verrückt, weil ich die Wahrheit kenne, weil ich weiß, daß du es warst, der Rafa das Spritzen beigebracht hat, weil ich dich eines Nachts mit der Spritze in der Hand an seinem Bett erwischt habe, wie du meinen Jungen vergiftet hast, meinen Jungen, der so blond und so hübsch war, so jung ... Du hast ihn umgebracht, du Mörder, du hast ihn umgebracht! »Wir haben einen drogensüchtigen Sohn, Queti, wir müssen uns damit abfinden und weiterleben«, hast du gesagt, »du mußt weiterleben, um der fünf anderen willen ...« Mein Gott! Er liebte mich, mein kleiner Junge, er liebte mich, er hätte dir nie erlaubt, mich hier einzusperren, deshalb hast du ihn beseitigt und dann die anderen bequatscht, der kleine Antonio ist genau wie du, und die Mädchen, meine eigenen Töchter, schöne Sippschaft ... »Du mußt gesund werden, Mama, es ist sehr schön dort, Mama, dort wird es dir bessergehen als hier, Mama, wir werden dich besuchen, Mama ...« Mein Gott! Jetzt kenne ich nicht einmal meine Enkelin, und weißt du was, es ist mir egal, es reicht schon, daß ich ihre Mutter geboren habe. Im Grunde geht es mir hier besser, hörst du, in einem Irrenhaus geht es mir besser als zu Hause, wo ihr alle wollt, daß ich sterbe, denn ich weiß, daß ihr das wünscht, ich habe euch miteinander tuscheln hören, ihr habt euch den lieben langen Tag gewünscht, daß ich sterbe. Aber ich denke nicht daran, zu sterben, ich habe keine Lust zu sterben, trotz der Scherereien, die mir Gregoria macht, diese Eselin und so ein schlechter Mensch, ich denke nicht daran, zu sterben, ich werde hier bleiben und wie eine Königin leben, denn dafür bezahl ich teures Geld, zusammen mit Miguela. Die ist die einzige auf der Welt, die mich liebt, Migue, mongoloid und alles, aber sie liebt mich. Es ist nicht zu fassen, sechs Kinder gebären und dann so enden ... Jedes Mal, wenn sie mir morgens einen Kuß gibt, kommen mir die Tränen, und ich beginne zu zittern. Rafa hat mich auch geküßt; kaum war er aufgestanden, kam er zu mir und küßte mich, meinJunge. Es wird die Rührung sein oder was weiß ich, aber von Migues Küssen bekomme ich eine Gänsehaut, und deshalb werde ich niemandem erzählen, daß seltsame Dinge mit ihr geschehen, niemals. Sie weiß schon, daß sie wegen mir beruhigt sein kann, ich bin mucksmäuschenstill, Achtung, denn ich bin eine Dame und habe schon bemerkt, daß sie nicht möchte, daß jemand erfährt, wie sie sich jedesmal, wenn jemand vorbeikommt, den Spiegel ganz dicht an die Nase hält, damit niemand sie sieht, damit niemand sie stört, und nur ich weiß, daß sie in den Spiegel schaut und eine andere Frau sieht, eine normale und sogar hübsche Frau, so ist das eben, sie sieht sich selbst, mit großen, runden Telleraugen ...

»Komm, Fernando, laß uns ein Bier trinken gehen ...«

»Warte, ich hol nur schnell die Autoschlüssel.«

»Nein, ist nicht nötig, gehen wir besser zu Fuß. Das Dorf ist ganz nah, du wirst schon sehen. Die Spaziergänge sind hier das einzig Angenehme ...«

»Na, meine Liebe, sag nicht so was. So schlimm wird's schon nicht sein.«

»Woher willst du das wissen? Du bist gerade erst angekommen.«

»Und all das, was du in Madrid erzählt hast? Frische Luft für die Patienten, mehr Platz, weniger Kosten ... Das stimmt doch alles noch, oder?«

»Nicht ganz. Sie haben mir ein Haus versprochen und keine Ruine. Und einen Garten, kein Brachfeld. Und Werkstätten, nicht zwei baufällige Scheunen. Es ist noch keine drei Monate her, daß wir ihnen das Zentrum von Vicálvaro überlassen haben, und jetzt spielen sie schon die Dummen. ›Es gibt kein Geld, Rosa‹, das erzählt mir der Abgeordnete jede Woche, ›im Augenblick gibt es kein Geld ...‹ Und meine Patienten nennt er Verrückte, ist das zu glauben? ›Deine Verrückten werden noch ein bißchen warten müssen‹, sagte er zu mir. Schau, wären da nicht mein Vater und mein Bruder, die sich privat etwas dazuverdienen, indem sie den Junkies aus gutem Hause Aspirin verschreiben, und die deswegen gelegentlich ihr Gewissen beruhigen müssen, hätten wir nicht einmal ein Dach über dem Kopf, verstehst du, nicht einmal ein Dach. Ich bekomme von keiner Bank mehr einen Kredit, Fernando, ich stehe auf allen schwarzen Listen, weder hundert- noch fünfzigtausend Peseten, nichts. Und für die Verrückten spendet niemand Geld, weil sich das nicht lohnt, das wirkt im Fernsehen nicht possierlich genug, ich weiß nicht ... Das ist alles eine Scheiße, du wirst es schon noch merken – aber das nicht, siehst du, die Spitze des Maliciosa ist schon verschneit, schau mal ... Immer gleich, von Anfang an, Eis im Winter und Schmelze im Frühjahr, solange sich die Welt drehen wird. Gäbe es ihn, der niemals die Ruhe verliert, nicht, wäre ich auch schon ein bißchen verrückt geworden.«

»Du kennst das alles hier ziemlich gut, nicht wahr?«

»Ja. Ich habe mein Leben lang meine Sommerferien in diesem Dorf verbracht.«

»Und das Zentrum – was war es früher? Der Fassade nach zu urteilen, wirkt es wie ein Herrenhaus.« »Es wird das Brandhaus genannt. Dem Typen, der es erbaute, hätte gefallen, was du sagst, denn es heißt, genau das hätte er beabsichtigt, nämlich ein Herrenhaus zu errichten. Aber Adelige hat es hier nie gegeben, nur Schäfer mit ihren Herden, ein paar Kühe und Weideland, Grundstücke, die in den sechziger Jahren an die feinen Pinkel aus Madrid verkauft wurden, die dann Schweizer Chalets mit Swimmingpool und Tennisplätzen bauten, kurzum, du weißt schon ... Jedenfalls war der Erbauer, was man einen *indiano* nennt. Er wanderte nach Mexiko aus, wurde unermeßlich reich und kehrte während der Revolution zurück. Offenbar erzählte er damals, daß Emiliano Zapata ihn höchstpersönlich von seinen Ländereien vertrieben hätte. Nieder mit den spanischen Einwanderern! habe Zapata ihm ins Gesicht geschrien, was weiß ich, meine Mutter kannte ihn noch als Mädchen ... Er baute das Haus und ließ sich mit seiner Familie hier nieder, aber der jüngste Sohn war schon sehr krank und starb kurz darauf an Tuberkulose. Seine Mutter wurde darüber wahnsinnig, denn sie waren letztendlich hierhergekommen in der Hoffnung, daß die Landluft ihn gesund werden ließe. Kurz und gut, als die älteste Tochter heiratete, ich glaube, einen Notar, und mit ihm nach Madrid ging, zogen alle in die Stadt und kehrten nie mehr zurück. Einige Jahre lang war das Haus verlassen, aber eines Nachts, ich weiß nicht genau wann, Anfang der vierziger Jahre dürfte das gewesen sein, brach ein entsetzliches Feuer aus, alles verbrannte, die Gardinen, die Teppiche, die Möbel, alles. Es wurde nie geklärt, wie das Feuer ausgebrochen war, aber die Leute glauben, daß das Haus damals im Winter gelegentlich von den Widerstandskämpfern aus Guadarrama genutzt wurde. Mich würde das nicht wundern, so abgelegen am Fuße des Berges dürfte es ein bequemes und sicheres Versteck für sie gewesen sein. Die Alten erzählen noch immer, daß die Guerilleros in Frostnächten zum Übernachten aus den Bergen herunter kamen und daß sie hier ihre Verwundeten versorgten. Der Brand war schon fast von selbst erloschen, als im Morgengrauen der Feueralarm im Dorf ausgelöst wurde; es war schon alles verbrannt, was brennen konnte ... Die Erben übertrugen den Besitz damals der Stadtverwaltung, die das Gebäude wiederaufbaute, aber nie Verwendung dafür hatte. So ging es an die Gemeinde über, ich weiß nicht, durch welche Übereinkunft, und eines schönen Tages entdeckte ich es auf der Liste der verfügbaren Gemeindebauten und bewarb mich darum, aber alle nennen es weiter das Brandhaus, und ich beabsichtige nicht, seinen Namen zu ändern. Wenigstens das ist schön ...«

»Es ist sehr schön hier, Rosa. Und das Haus ist aus Stein, groß und hell, solide gebaut, letzten Endes wird alles gut werden, sei unbesorgt. He, sieh mich an, ich meine das ernst, es wird alles gut werden, bestimmt.«

»Wenn wir doch wenigstens noch vor der Regenzeit den Garten trockenlegen könnten! Du machst dir keine Vorstellung, wie das im Oktober aussieht. Wir fanden nur Morast vor, wir konnten nicht mit den Patienten spazierengehen. Miguela, die mit dem Spiegel, die du heute kennengelernt hast, entwischte uns einmal und kehrte von oben bis unten schlammverkrustet und zitternd vor Kälte zurück, sie sah aus wie eine Krokette, die Arme ... Ich mag gar nicht daran denken, aber wir müßten wirklich etwas tun, oder der Frühling bricht herein, ohne daß wir es merken.«

»Hör mal ... Und wenn wir im Garten einen Zementboden mit einer guten Entwässerungsanlage errichten ließen?

Bei schönem Wetter könnten wir die Patienten dort herumhüpfen lassen, das ist ungefährlich, und es hätte ein für allemal ein Ende mit dem Morast. Miguela könnte nach dem Abendessen sogar an Regentagen spazierengehen, ein paar Stiefel und einen guten Regenmantel an, und los geht's.«

»Hm ... Das ist eine gute Idee ... Ja, mein Lieber, eine ausgezeichnete Idee ... Aber dafür bräuchten wir doch einen Bagger, oder? Ich meine, man muß die Erde umgraben und all das.«

»Ja, natürlich.«

»Eben das ist das Problem, ich weiß nicht, woher wir das Geld nehmen sollen für den Bagger, und dann müssen die Arbeiter bezahlt werden, der Betonmischer und alles andere.«

»Wir könnten die Moneten vom Rathaus kriegen.«

»Von denen hier? Du Schlaumeier! Du weißt ja nicht, was die hier abgezogen haben, als wir ankamen. Sie organisierten eine Demonstration in Colmenar und alles; es schien, als hätten wir die Absicht, auf dem Dorfplatz eine Atommülldeponie zu errichten ...«

»Na gut, dann kriegen wir es eben von deinem Vater oder von meinem, und wenn nicht, werden wir es uns vom Weihnachtsgeld nehmen, es ist nicht so teuer, wirklich, aber nun sorg dich nicht weiter, Rosa, mein Gott, mach ein freundlicheres Gesicht ... Ich hatte eine gute Idee, und das passiert mir nur zwei- oder dreimal im Jahr, also laß uns das feiern und uns betrinken, ich zahle.«

Woher hat dieses Weib bloß solche Krallen, um mich so zu zerkratzen? Ich sollte das der Frau Doktor zeigen, und sei es nur, um Gregoria zu ärgern, die sich immer einbildet, sie hielte uns so sauber und so adrett, die durch die Flure läuft und behauptet, daß wir sie nicht eine Sekunde lang in Ruhe ließen, also wirklich, es würde mich schon interessieren, was die zu tun hat, Migue hat sie schon wer weiß wie lange nicht mehr die Fingernägel geschnitten, ich kann dir sagen, schöne Kratzer hat die mir verpaßt ... Wenigstens sieht man sie nicht, wenn ich den Rollkragenpullover anziehe, obwohl ich eigentlich auch nicht weiß, weswegen ich mir überhaupt Sorgen mache, mein Aussehen ist sowieso im Eimer. Wenn ich im Stehen an mir hinunterblicke, sehe ich meine Füße nicht, nur den Bauch, diesen Kuhwanst, der mir plötzlich gewachsen ist, mir, die ich nie einen Bauch hatte ... Alles andere ist dafür verschwunden, es ist zum Verzweifeln, ich verstehe das nicht, sooft sie mir das mit den Hormonen auch wiederholen, deren Namen ich mir einfach nicht merken kann, mein Körper ist wirklich zu einer Tonne geworden, ich habe weder eine Taille noch Muskeln, keine Hüften, nichts, wie eine schlecht gestopfte Wurst sehe ich aus ... Mit anderen Worten, ein Kratzer mehr oder weniger im Ausschnitt kann mir egal sein, wenn ich schon so scheußlich aussehe, und selbst, wenn es nicht so wäre: Wer würde ausgerechnet mich anschauen? Niemand, also ... Aber schau dir bloß das graue Mäuschen an, nicht zu fassen! Wo hat sie bloß diesen Verehrer her? Und ist er nicht häßlich, der Typ? Mein Gott, er sieht aus wie ein Affe, die beiden Augenbrauen so nahe beieinander, daß sie wie eine einzige wirken, und dieses stark gekräuselte, spärliche Haar, so spärlich, daß man kleine kahle Stellen auf dem Hinterkopf erkennt, als wäre er grindig ... Ich verstehe das nicht. Von hier ist er natürlich nicht, ich habe ihn noch nie gesehen, und Salvador, der heute nüchtern war, hat mir erzählt, daß kein Neuer eingeliefert worden ist ... Und außerdem, wie merkwürdig er angezogen ist! Ich kann mich nicht erinnern, wie lange es her ist, daß ich das letztemal eine solche Decke gesehen habe, die so grob wie Sackleinen wirkt und die er eingerollt auf der Schulter trägt. Er dürfte ein Forstaufseher aus den Kiefernwäldern sein, die man da hinten sieht, bestimmt, bis jetzt habe ich zwar noch keinen gesehen, aber es muß sie geben, natürlich, wie in Estíbaliz, deshalb hat er auch eine Flinte bei sich und diesen Aluminiumkochtopf am Gürtel hängen ... Eigentlich sollten sie diesen Schmutzfink entlassen, weil ... Wie gräßlich! Kann ja sein, daß er in den Bergen lebt, aber er könnte sich ab und zu mal waschen, finde ich, das ist doch unglaublich, das Gesicht voller Rußflecken wie ein Kohlenhändler, mit diesem Grind auf der Stirn, nicht mal das Blut hat er weggewischt, völlig vertrocknet klebt es an der Wunde, und das Bein ist ebenfalls mit einem grauen, völlig verdreckten Verband umwickelt, der irgendwie befestigt und voller gelber Flecken, wie Eiter, ist. Wie eklig! Was ihm wohl passiert ist, daß er so ausschaut? Als wäre er in eine Bären-Falle oder was weiß ich für welches große Tier getappt ... Ich behaupte ja nicht, daß er, verletzt und alles, sich besonders darum kümmern sollte, hübsch auszusehen, aber man kann doch ein Minimum an Benehmen von jemandem erwarten, der einen Besuch abstattet, oder? Aber ich verstehe nicht, warum er bei Migue war, denn wenn er hierher kam, um sich versorgen zu lassen, wäre es doch logischer gewesen, direkt zur Krankenstation zu gehen ... Aber das ist alles so merkwürdig gewesen, sehr merkwürdig, denn ich habe ihn anfangs gar nicht gesehen, als ich auf dem Weg ins Bad an der Tür vorbeikam. Migue war allein, der Spiegel lag auf ihrem Schoß, und sie sah mit ihrem Gesicht einer Schwachsinnigen zur Decke hoch. Ich verstehe das nicht. Wie ist er bloß hereingekommen? Ich habe keine Tür gehen hören, aber als ich kurz darauf wieder vorbeikam, war er schon da, er saß auf der Fensterbank und sah sie an, und sie erzählte ihm fortwährend ganz leise etwas. Das hat mich besonders überrascht, denn Migue redet nicht gerne, lächeln ja und Märchen lauschen, aber sie schweigt fast immer, deshalb bin ich näher gegangen, deshalb und weil ich den Eindruck hatte, ich weiß nicht, daß sie so, von der Seite betrachtet ... Ich weiß schon, daß das, was ich sage, nicht sein kann, aber mir kam es in diesem Moment so vor, als wäre Migue nicht Migue, nein, sondern die Frau im Spiegel, mit weichen Lidern und runden Augen wie ich, wie alle Welt ... Deshalb bin ich näher gegangen, nicht zu nahe, und war darauf bedacht, kein Geräusch zu verursachen. Ich weiß schon, daß Wunder nur ein Haufen Lügen sind, die sich der Papst hat einfallen lassen, ich weiß, aber ich wollte sie sehen, ich wollte die normale Migue sehen, wenigstens einmal, denn ich liebe sie sehr, die Arme. Deshalb bin ich nur ein bißchen näher gegangen, auf Zehenspitzen, aber er hat mich gesehen, er hat mich angeschaut, und da drehte sie sich zu mir um, wobei sie mit den Fingerspitzen die äußeren Ränder ihrer Augenlider betastete, und sie war hübsch, ich weiß, daß das unmöglich ist, aber sie war wirklich hübsch, sie hatte gerötete Wangen und riesige Augen, den Mund offen, ihre Lippen glänzten. Aber dann hat ihre Haut plötzlich angefangen, sich wieder zu spannen, anfangs ganz langsam, dann schneller, bis ihr Gesicht wieder verändert war. Ich habe einen Augenblick zu Boden gesehen, weil ich nicht glauben konnte, was ich sah, alles geschah sehr schnell, genau wie in den Filmen von diesem Spielberg, und als ich sie wieder ansah, da war sie wieder die gewohnte Migue, er aber war verschwunden ... Er muß aus dem Fenster gesprungen sein. So muß es gewesen sein, natürlich, deshalb hatte ich ihn nicht gesehen, bei dem Schreck, den mir Migue eingejagt hat, ist doch logisch, daß ich nicht mehr zu ihm hinsah, oder? Und Migues Ärger, als sie bemerkte, daß er weg war, nein so was, wie eine Furie! Sie stürzte sich wie ein Raubtier mit ausgefahrenen Krallen auf mich, mit einem Kreischen, das kein wirkliches Kreischen, sondern eher ein Klagen war, Schreie, die nichts bedeuteten, wie ein einziges, langgezogenes und sehr verzweifeltes Ach, das aus einer unbekannten Stelle tief in ihrem Innern empordrang. Dann hat sie mich gekratzt und mir einen Stoß mit dem Kopf versetzt. Danach beruhigte sie sich, wurde stiller und begann zu weinen. Ich bin ihr in ihre Ecke gefolgt, denn es war ihr gelungen, mir angst zu machen, sie hatte mich tief beeindruckt, und plötzlich dachte ich, daß sie irgendeine Dummheit machen könnte, ich weiß nicht, sie war außer sich, sonst ist sie so gehorsam und so lieb, sie hat noch nie jemand geschlagen, und ich hatte sie noch nie so wütend gesehen. Sie hat sich auf den Boden gesetzt, den Spiegel genommen und sich eine ganze Zeitlang unentwegt angesehen, wie sie es immer tat: Sie streicht sich über die Lidfalten, während sie im Spiegel andere Augen sieht, ihre anderen, runden Augen, ihr anderes Gesicht einer normalen Frau. Und ich weiß, daß das, was mit ihr geschieht, sehr merkwürdig ist. Und noch immer verstehe ich nicht, wie dieser Typ sich hier hereinschleichen konnte, ich weiß weder, wer er ist, noch, wie er eines dieser Wunder, die es nicht gibt, bewirkt hat, aber ich werde vorsichtshalber den Rollkragenpulli zum Abendessen anziehen, nicht daß sie meine Kratzer sehen und ich Erklärungen abgeben muß. Aber nein, ich habe weder etwas gesehen, noch weiß ich etwas, denn wenn ich die Wahrheit erzähle, werden sie denken, ich sei verrückt, und das würde dir gefallen, nicht wahr? Hörst du mich etwa nicht? Ich spreche mit dir, du Scheißkerl, darauf wartest du doch nur, deshalb hast du mich doch hier reingesteckt, damit sie dem Richter sagen, ich sei verrückt, und du mir dann mein ganzes Geld stehlen und meine Jungen auf die Straße setzen kannst, das willst du doch, nicht wahr? Aber damit du es ein für allemal begreifst, damit wirst du nicht durchkommen, denn ich werde nichts sagen, und wenn auf Rafas

Armen diese harten Knoten auf den Einstichstellen verheilt sind, wird er mich hier rausholen, und wir werden zusammen nach Salvatierra gehen, Mamas Geld im Palast eines seltsamen Königs ausgeben, der mich liebt und der mich heiraten wird in diesem klitzekleinen Land irgendwo bei Rußland ...

»Was versteckst du da, Miguela?«

»Laß das Mädchen in Ruhe. Was geht es dich an, was sie hat oder nicht hat?«

»Laß mich sehen, Miguela, und du, Queti, sei endlich still, tu mir den Gefallen.«

»Aber hallo, wie höflich die Señorita Gregoria sein kann! Glaub ja nicht, daß es mich beeindruckt, wenn du mich um etwas bittest, ich denke nicht daran, still zu sein, nicht einmal, wenn du mich auf Knien darum bitten würdest. Und du, Migue, achte nicht auf sie, auch wenn du geistig zurückgeblieben bist, hast du das Recht auf deine Sachen und dein Privatleben, das fehlte noch –«

»Geh zum Teufel, Queti!«

»Ah, jetzt kommt das wahre Wesen Ihrer Durchlaucht zum Vorschein ...«

»Gib es mir, Migue. Ich habe gesehen, daß es spitzig ist, und du weißt nur zu gut, daß du nichts Spitzes haben darfst, weil du dir damit weh tun kannst.«

»Nein.«

»Was hast du gesagt?«

»Daß ich es dir nicht gebe. Es ist meins.«

»Sehr gute Antwort, Migue. So ist es richtig.«

»Hör mal, Miguela, du gibst mir jetzt auf der Stelle freiwillig, was du in der Hand hast, oder ich werde es dir gewaltsam wegnehmen müssen. Was sagst du?«

»Ich gebe es dir nicht.«

»Also gut, du hast es so gewollt. Serafín! Lauf sofort los und such die Señorita Rosalía und den Doktor ...«

»Bravo, Gregoria! Siehst du, Migue? Sie ist wie immer ein Ekel, aber jetzt hat sie es nicht einmal mehr nötig, persönlich loszugehen und zu petzen, jetzt schickt sie einen Aufseher. Es wird ihr doch nicht zu anstrengend sein von hier zum Büro ...?«

»Hör mir gut zu, Queti, wenn du mich noch einmal beschimpfst ...«

»Was? Wirst du mich dann auch verpetzen?«

»Ich sag es dir zum letzten Mal ...«

»Was? Willst du es ausprobieren? Nutte, du Nutte, du miese Nutte. Da hast du's.«

»Queti, laß bitte Gregoria in Ruhe ... Und Sie habe ich schon mal gewarnt, ich bin die ganze Diskussion leid, Sie beide zanken sich den lieben langen Tag wie Hund und Katz, jetzt reicht's!«

»Entschuldigung, Frau Doktor.«

»Was ist denn passiert? Der Dorfpfarrer sitzt in meinem Büro, ich habe mir stundenlang den Kopf darüber zerbrochen, wie ich Geld von ihm bekommen kann, und er macht keinen Pfennig locker. Hoffentlich ist es diesmal wenigstens wirklich etwas Wichtiges ...«

»Ja, Señorita, es geht um Migue, sie hat etwas Spitzes in der Faust, sehen Sie? Ich habe sie dabei erwischt, wie sie mit der Spitze über den Tisch kratzte, aber sie will mir nicht zeigen, was es ist, sie will es mir nicht geben.«

»Laß mal sehen, Miguela. Magst du es wenigstens mir zeigen?«

»Ihnen auch nicht.«

»Und warum nicht?«

»Es ist meins.«

»Natürlich ist es deins. Aber ich will es dir doch gar nicht wegnehmen, ich will es nicht behalten, verstehst du? Ich will es nur sehen. Bestimmt ist es etwas Kostbares, ja?«

»Ja.«

»Dann laß es mich mal sehen, öffne einfach die Hand, damit ich es sehe, ich werde es nicht einmal anfassen …«

»Nein.«

»Na gut, wie du willst. Hör mal, Migue, du hast doch keine Angst vor mir, nicht wahr? Ich habe dich nie bestraft oder mit dir geschimpft, nur ein bißchen, einmal, als du die Suppenterrine über dem armen Salvador ausgeschüttet hast … Aber erinnerst du dich, wie wir hinterher darüber gelacht haben? Du bist ein braves Mädchen, Migue, sage ich dir das nicht immer? Und wir sind schon lange gute Freundinnen, oder nicht?«

»Ja.«

»Gut. Dann laß mich deine Faust nehmen, mal sehen, ob ich errate, was es ist, ohne daß du die Hand öffnest, einverstanden? Als würden wir spielen …«

»Einverstanden.«

»Also, mal sehen … Nichts, was ich nicht errate. Spreiz die Finger ein bißchen, los, vielleicht kann ich etwas zwischen den Spalten erkennen.«

»Nein.«

»Migue, ich will nicht böse werden …«

»Lassen Sie mich machen, Señorita. Sie sind zu sanft. Du, Serafín, halt sie am linken Ellbogen fest, so, und ich öffne ihr mit beiden Händen die Faust …«

»Gregoria!«

»Beiß mich nicht, Queti, oder ich nehme mir dich vor, wenn ich mit der da fertig bin!«

»Gregoria, lassen Sie sofort Miguela in Ruhe!«

»Ist schon erledigt, ich hab's schon …«

»Gregoria, Sie sind entlassen!«

»Aber Señorita … Ich arbeite doch schon viel länger in diesem Irrenhaus als sonstwer … Sehen Sie, was Sie erreicht haben? Sie hat es verschluckt, jetzt hat sie es geschluckt, das ist Ihre Schuld, Señorita …«

»Queti, sag Miguela, daß sie dieses Ding aus dem Mund nehmen soll. Auf dich hört sie, und es ist gefährlich, sie kann sich weh tun, ich meine es ernst. Serafín, gehen Sie Doktor Salgado holen, und sagen Sie ihm bitte, er soll schnell kommen. Und Sie, Gregoria, gehen auf Ihr Zimmer und packen Ihre Koffer. Ich will Sie hier nicht mehr sehen.«

»Aber Señorita …«

»Also, Migue-Schatz, du hast gehört, was die Frau Doktor gesagt hat, du kannst dir weh tun, das ist wahr … Die Frau Doktor ist gut, du hast es ja gesehen, sie hat diese Hexe hinausgeworfen; Gregoria wird uns nie mehr ärgern. Schau, du hast eine ganz blutverschmierte Hand, du hast dir vorhin beim Ballen der Faust viele kleine Wunden zugefügt … Was willst du, dir die Lippen zerstechen? So wirst du ihm aber nicht gefallen, du wirst häßlich aussehen mit soviel Blut … Nimm das aus dem Mund, Migue, los, und weine nicht, Mädchen, ich werde es dir nicht wegnehmen, bestimmt, wir wollen es bloß sehen … Also, sehr gut, vorsichtig, da ist es … Jetzt werde ich es der Frau Doktor geben, einverstanden? Und weine nicht mehr, Migue, um Gottes willen …«

»Danke, Queti.«

»Herr Doktor, sagen Sie doch bitte der Señorita, daß sie mich nicht rauswerfen soll!«

»Sind Sie immer noch da, Gregoria? Ich dachte, ich hätte mich verständlich ausgedrückt.«

»Ja, Señorita …«

»Also, jetzt alle raus hier, ich muß mit Doktor Salgado reden. Queti, wenn es dir nichts ausmacht, bring doch Miguela ins Bett und komm dann bitte zurück, ich hab noch ein paar Fragen. Und Sie, Gregoria, warten in meinem Büro auf mich, wir sprechen uns später ...«

»Was war los, Rosa?«

»Schau dir das an.«

»Ein roter Stern ... Wie hübsch! Und er scheint alt zu sein ... Wo hast du ihn her?«

»Miguela hatte ihn. Sie wollte ihn uns für nichts auf der Welt zeigen. Sie hat ihn so fest in der Faust gehalten, daß sie sich verletzt hat, und dann hat sie ihn in den Mund gesteckt. Reines Glück, daß sie ihn nicht geschluckt hat ...«

»Wie seltsam! Das ist ein Männerabzeichen, siehst du? Mit einem Stecker für das Knopfloch und ziemlich schwer, es dürfte aus Blei oder Ähnlichem sein ... Und hat so was wie Buchstaben in der Mitte, oder?«

»Ja, aber ich kann sie nicht entziffern. Laß mal sehen ... Nichts, die Emaille ist zu schmutzig.«

»Gib her, ich werde es mit Alkohol säubern ... Na ja, es hilft nicht viel, aber man kann schon was lesen. .. PUUM, scheint ein Witz zu sein ... Was könnte das sein?«

»Laß mich mal ... Nein, ich glaube nicht, daß es PUUM heißt. Der zweite Buchstabe scheint ein großes O zu sein, oben kaputt, das heißt ... POUM.«

»Waaas!? Willst du damit sagen, daß Miguela einen roten Stern der POUM versteckt hat?«

»Ja, mein Lieber, von dieser Partei, wie hieß die noch?«

»Partei? Ich erinnere mich nicht, am Anfang stand Marxistische Einheit, glaube ich.«

»Arbeiterpartei? Der marxistischen Einheit?«

»Ja, so ähnlich ... Nein, Vereinigung! Das ist es, Partido Obrero de Unificación Marxista, POUM, genau.«

»Das ist unglaublich! Zu dieser Zeit und hier, mitten auf dem Land ... Ich kann mir nicht erklären, woher sie das hat.«

»Gestatten Sie?«

»Ja, natürlich. Komm bitte rein, Queti, setz dich ... Wie geht's Miguela?«

»Ach, viel besser, sie hat sich schon beruhigt, aber sie weint noch, sie wird nicht müde, die Arme ...«

»Das wird schon vorübergehen, mach dir keine Sorgen. Schau dir das an, Queti, und bitte ganz genau. Hast du das vorher schon einmal gesehen?«

»Nein, nur flüchtig, vorhin, als ich es Ihnen gegeben habe.«

»Bist du sicher?«

»Ja, ein hübsches Sternchen. Wenn ich es vorher gesehen hätte, wäre es mir aufgefallen. Sicher hatte sie es versteckt ... Kann doch sein, oder?«

»Klar, natürlich kann das sein, es ist nur so ... Sieh mal, Queti, das ist das Abzeichen einer revolutionären Partei mit trotzkistischer Ideologie ...«

»Was?«

»Kommunisten, Queti, die Partei der Roten.«

»Ach, entschuldigen Sie, Frau Doktor, aber den Herrn Doktor verstehe ich viel besser ...«

»Ja, ja. Also, es ist so: Diese Partei hat für die Republik gekämpft, mit anderen Worten, sie hat den Krieg verloren und seither hat man nichts mehr von ihr gehört. Niemand hat sie neu gegründet, verstehst du? Nicht wie die PSOE, sondern mit Ende des Krieges war auch die POUM am Ende, für immer ... Verstehst du?«

»Ja, aber ich weiß nicht, was das alles mit mir zu tun hat.«

»Nichts, gar nichts. Es hat uns nur gewundert, daß Migue so was besitzt.«

»Na ja, ich kann nichts Besonderes daran finden. Schließlich ist es eine sehr hübsche Brosche, sie kann sie von irgendwem bekommen haben, oder?«

»Nein, Queti, von irgendwem nicht ... Nicht von irgendwem, das ist das merkwürdige.«

»Laß sie, Rosa. Sie hat den Stern sicher im Garten gefunden. Erinnere dich an die Geschichte mit dem Brand, du selbst hast mir davon erzählt, vielleicht ist sie ja wahr ...«

»Ja, ich weiß nicht, vielleicht täusche ich mich. Es ist merkwürdig, aber an einem Ort wie diesem geschehen immer merkwürdige Dinge. Danke, Queti, du kannst gehen.«

»Nichts zu danken, Frau Doktor. Wiedersehen, Doktor Salgado. Sie werden mit jedem Tag fescher.«

»Danke, gleichfalls.«

»Ach was! Ich bin doch nur noch ein schlechter Abklatsch meiner selbst. Sie hätten mich in meinen guten Zeiten sehen sollen, die Prinzessin von Vitoria wurde ich genannt, göttlich war ich, eine göttliche Frau –«

»Einen Augenblick noch, Queti.«

»Ja?«

»Entschuldige, aber mir fällt gerade noch etwas ein, nur noch eins. Ich habe dich vorhin zu Miguela so was Ähnliches wie ›Du wirst ihm nicht gefallen, du wirst häßlich aussehen‹ sagen hören. Und ich wollte wissen: Wer ist *er?*»

»Er ...? Ja, er ... Na ja, ich weiß nicht, wie ich Ihnen das erklären soll ... Es wird Ihnen dumm vorkommen ... Nun ja, er ... Er ist das Rambo-Poster von der Köchin, das ist es, das Poster von Rambo ist er! Ich ziehe Miguela immer mit diesem Rohling auf. Ich sage zu ihr, das sei ihr Verlobter, und die Arme schüttet sich aus vor Lachen. Schade eigentlich, daß Migue nicht einmal genug Verstand hat, sich zu verlieben, nicht wahr?«

Dieser verdammte Idiot von Gründer der revolutionären Partei und seine ganze Mischpoke! Er hätte ihr auch die kleine Kommunionsmedaille schenken können, unglaublich ...

Schau, ich lüge nicht gerne, das mag ich überhaupt nicht, denn meine Erinnerung läßt langsam nach, und wenn ich schwindle, erinnere ich mich später nicht mehr daran, und die Frau Doktor erwischt mich immer. Wenigstens ist mir das mit dem Poster so leicht rausgerutscht, ganz natürlich, aber ich hatte ja schon immer großes schauspielerisches Talent, ich hätte Theaterschauspielerin werden sollen, mit dieser schönen, anmutigen Stimme, die ich immer hatte, und mit dieser Wespentaille, um die mein Vater seine Hände schließen konnte, wenn er mich umarmte ... Letztendlich ist es ja gottlob nicht so schlimm gewesen. Migue ging es ein paar Tage schlecht, das ja, sie hat die ganze Zeit geweint, sie mochte morgens nicht aufstehen, blieb den ganzen Tag im Bett liegen, die Bettdecke über den Kopf gezogen, bis sie eines Nachmittags einfach so zu lachen begann, aber nicht dieses dümmliche, zügellose Lachen wie zu anderen Gelegenheiten, das dich daran erinnert, daß sie im Grunde noch immer ein Kleinkind ist, nein, sie lachte wie eine aufgeweckte Person, wie eine Frau von Welt, ich weiß nicht, wie ich es erklären soll, aber so war es. An jenem Nachmittag sprang sie mit einem Satz aus dem Bett, lief barfuß und im Nachthemd in den Korridor, unglaublich, wo sie doch sonst so verfroren ist. Das machte mich argwöhnisch, und ich lief ihr nach, mit ihren Hausschuhen in der Hand, um eine Entschuldigung zu haben, wenn mir jemand über den Weg laufen sollte, obwohl ich schon wußte, was los war, ich wußte schon, wo sie hinwollte ... Ich lehnte mich an den Türrahmen, um sie nicht noch einmal zu erschrecken, und tatsächlich, da saß er auf der Fensterbank, genau wie beim ersten Mal, ganz genauso, bis auf den roten Stern, den er natürlich nicht mehr an der Jacke stecken hatte. Er lachte, er lachte aus vollem Halse, um auch sie zum Lachen zu bringen, und er schien mir hübscher, ja sogar sauberer zu sein, und Migues Gesicht verwandelte sich wieder, ihre Wangen wurden frischer und ihre Augen größer, und als sie ihm ihre Hand hinstreckte, um ihm die noch sichtbaren kleinen Wunden in ihrer Handfläche zu zeigen, waren ihre Bewegungen behender und ihre Finger länger, schmaler geworden: Migue war eine andere Frau. Er nahm ihre Hand, faßte sie um die plötzlich so zarte Taille und küßte sie. Seine Wangen mit dem Vollbart verdeckten ihr Gesicht nur halb, ich konnte Migues jetzt so schönen Körper durch das durchsichtige Fleisch ihres armen Geliebten hindurch sehen, und ein Schauer lief mir über den Rücken, mir kamen die Tränen, als würde all das wirklich geschehen ... Da fiel mir plötzlich ein, daß der Mann, Migues Verlobter, vielleicht meinen Sohn kennen würde, daß die beiden vielleicht am selben Ort seien, wer weiß das schon, denn Rafa hatte als junger Mann auch mit den Roten sympathisiert, und deshalb wußte ich ganz genau, was der rote Stern bedeutet, als ich die Frau Doktor anlog.

Ich wußte es von meinem Sohn, der eine recht seltsame, aber sehr schöne Geschichte von einem Chinesen erzählt hatte, der auf einen Berg gestiegen war, um den Sonnenaufgang zu sehen, und dann gesagt hatte, der Osten sei rot. Das hat mir Rafa oft erzählt, bevor er krank wurde und es ihm wegen dieser Zuckerkrankheit so schlecht ging, daß er sich bis zu seinem Tod jeden Tag Insulin spritzen mußte. Er war erst einundzwanzig Jahre alt, kaum mehr als ein Kind, aber er starb, und nun ist er nicht mehr bei mir ...

»Gib du es ihr, Fernando. Schließlich hast du dich darum gekümmert und warst deswegen in Madrid ...«

»Nein. Du mußt es ihr geben. Es war deine Idee.«

»Na gut. Queti, komm doch bitte mal her. Hier, Migue, herzlichen Glückwunsch zum Geburtstag.«

»Geschenk.«

»Ja, Migue, es ist ein Geschenk ... Von der Frau und dem Herrn Doktor, die dich sehr lieben, genau wie ich, nur hat mir der Scheißkerl von meinem Mann alle meine Ländereien gestohlen und deshalb –«

»Queti!«

»Aber es ist doch wahr, Frau Doktor! Er hat mir nicht mal ein paar lächerliche Groschen gelassen, um diesem Unglückswurm Pralinen zu kaufen. Nimm, Migue, soll ich dir beim Auspacken helfen? So ... Sieh mal, wie schick! Juwelier Martínez. Mach die Schachtel auf, von vorne, heb den Dekkel ... Sehr gut.«

»St ... ern.«

»Ja, Migue, es ist der Stern, aber jetzt kannst du dich nie mehr daran verletzen.«

»St ... ern. Das ist mein Stern. Danke.«

»Natürlich ist es deiner, es ist genau derselbe ... Aber jetzt ist er in diesen Bogen eingefaßt, damit du dich nicht mehr an den Spitzen verletzen kannst. Wenn wir die Kette durch das kleine Loch da oben fädeln ... Ja, so. Wir haben die Niete auf der Rückseite entfernen lassen, jetzt ist er nicht mehr so schwer, und du kannst ihn um den Hals tragen, siehst du, wie eine Halskette. Wenn du willst, brauchst du sie nicht einmal im Bett abzunehmen. Gefällt sie dir?«

»Ja, mein Stern ... Danke, danke.«

»Du wirst mir aber nicht wieder zu weinen anfangen, nicht wahr, Miguela?«

»Ja, danke, danke, danke.«

»Aber, meine Liebe, es war doch von Anfang an deiner. Und schließlich hast du Geburtstag. Komm schon, hör auf zu weinen, Migue ... Und bedank dich nicht ständig. Queti, bleib du bei ihr. Wir haben uns hier alle versammelt, weil Doktor Salgado und ich eine gute Nachricht für euch haben. Wir haben endlich das Geld zusammen, um aus dem völlig vernachlässigten Garten einen Hof zu machen. Nächste Woche kommt Matías, der Baumeister aus Majada, der ja schon öfter ausgeholfen hat, und wird mit seinem Trupp zu arbeiten anfangen. Er hat mir versichert, daß sie nur einen Monat brauchen werden, und dann haben wir einen Hof, in den man Stühle hinausstellen kann, um sich zu sonnen, oder in dem man spazierengehen kann, wo wir Feste feiern und sogar im Freien essen können, wenn das Wetter gut ist. Wir werden ein paar Bäume pflanzen, damit wir Schatten haben, und ein Stückchen Wiese anlegen. Den hinteren Teil machen wir jetzt noch nicht, denn abgesehen davon, daß das Geld nicht reicht, haben wir daran gedacht, das Gelände umzugraben und einen Garten anzulegen. Versteht jemand von euch etwas von Gartenarbeit? Sehr gut, Eusebio, du bist doch aus der Region La Rioja, noch jemand? Freiwillige heben die Hand.«

Ich wußte schon, daß was passieren würde, ja, ich wußte es, denn das mit Migue konnte nicht gut ausgehen. Es gibt Dinge, die sollte man niemals zusammenfügen. Wie schon das Sprichwort sagt: Des einen Tod, des andern Brot. Migues Verlobter war wirklich tot, nicht wie Rafa, der, so jung und ebenmäßig, sogar noch im Sarg rosige Wangen gehabt hatte; obwohl er so dünn geworden war, habe ich doch bemerkt, daß er nicht tot war, schon kurz bevor er mir zuzwinkerte, hatte ich es bemerkt – das glaubt mir niemand, aber er hat mir zugezwinkert, ich schwöre es beim Allmächtigen, mein Junge hat mir aus seinem Sarg zugezwinkert. Ich wußte, daß sein Tod nicht wie der von dem war, von Migues Totem meine ich, denn der war richtig tot, was man so richtig tot nennt, also richtig farblos und so, mit beiden Füßen sicher im Jenseits. Und dennoch, es kam, was kommen mußte: Als die Arbeiter am letzten Tag fast den ganzen Garten ausgehoben hatten, sah ich ihn ins Zimmer treten, merkwürdig, nicht wahr, sonst war es doch immer Miguela, die ihn aufsuchte, aber dieses Mal nicht, an diesem Tag kam er in unser Zimmer. Die Mischmaschine machte einen Höllenlärm, wir konnten uns weder unterhalten noch sonstwas tun; Migue sah zum Fenster hinaus, und als er auf sie zuging und ihre Hand ergriff ... Er war nicht leibhaftiger geworden, ihr Verlobter, so leibhaftig wie ein lebendiger Mensch, aber sein Fleisch wirkte nicht mehr durchsichtig, und Migue merkte es natürlich auch, und das, wo sie ihn doch immer hatte berühren können, auch als er aus reiner Luft bestand; ich hatte bemerkt, daß sie ihn berühren konnte, denn wenn er sie küßte, wurden ihre Lippen plattgedrückt. Doch nun dürfte sie etwas anderes gespürt haben, echte Haut dürfte sie gespürt haben, die arme Migue, und da fürchtete ich das Schlimmste, denn sie drückte und quetschte seine Hand, lächelte, gab zufriedene, spitze Schreie von sich, während er ernst blieb, irgendwie traurig, ja den Tränen nah. Dieses Mal veränderte sich Migues Gesicht nicht, aber nicht einen Funken, ich hatte die Fäuste geballt und hätte auf der Stelle angefangen zu beten, auf den Knien, wenn ich nicht so unruhig geworden wäre, o mein Gott, sagte ich mir, mein Gott, laß ihr doch wenigstens die Augen rund werden, wenigstens die Augen, aber nein, da stand sie, so glücklich, und knetete ihm die Hand, faßte ihn um die Taille, drückte ihm die Finger in die Seiten, klopfte ihm auf Arme und Beine, als wäre sie blind, und sie lachte die ganze Zeit, sie lachte ihr albernes Lachen, ihr übliches Lachen, die Lippen so zart, die hängenden Lider mit den steifen Wimpern, ihr rundes Gesicht einer alternden Mongoloiden ganz rot, und ich sah sie an und wußte nicht, was ich tun sollte ... »Ihre Augen«, flüsterte ich schließlich – es war mir egal, ob er verschwinden würde wie das letzte Mal –, ich sprach ohne Angst zu ihm: »Verwandle ihr doch wenigstens die Augen, bitte, tu es für sie, wenigstens die Augen.« Er wandte sich mir zu und schüttelte mehrmals den Kopf, er bewegte ihn langsam von einer Seite zur anderen, und ich habe noch nie jemanden so traurig gesehen, keinen Lebenden und keinen Toten. Ich kann nicht, schien er zu sagen, ich kann es nicht mehr. Und dann kam Gregoria, diese böse Hexe, schreiend ins Haus gerannt …

»Señorita, Señorita, kommen Sie schnell! Wo sind Sie, Señorita? Doktor, kommen Sie schnell mit! Señorita!«

»Was ist los? Hören Sie doch auf zu schreien!«

»Ach, Doktor, Doktor, ich habe solche Angst gehabt! Wo ist Señorita Rosalía? Sie müssen sofort in den Garten kommen, Sie wissen ja nicht, wie entsetzlich –«

»Hören Sie, Gregoria, jetzt habe ich aber wirklich die Nase …«

»Sagen Sie nicht so was, Señorita, und seien Sie mir nicht böse, denn heute ist es wirklich was Schlimmes … Kommen Sie hier lang … Die Arbeiter haben Knochen im Garten gefunden.«

»Na und?«

»Wie, na und? Knochen, Señorita, Knochen von Toten. Mir werden noch die Finger abfallen vom vielen Bekreuzigen …«

»Dann lassen Sie es sein. – Tag, Matías, sind sie das?«

»Ja, Frau Doktor, wir haben sie gerade ausgegraben. Es sind zwei, sehen Sie? Sie lagen nicht sehr tief. Ich habe meinen Vater holen lassen. Vater, das ist die Frau Doktor ….«

»Wir kennen uns schon … Wie geht es Ihnen, Balbino?«

»Ich schlage mich durch, Señorita.«

»Sagen Sie nicht so was, Sie sehen doch sehr gut aus für Ihre fast achtzig Jahre. Also, Fernando … Was meinst du?«

»Nun, die rechte Leiche ist vollständig verkohlt … Und soweit man sehen kann, scheint die linke ein Loch im Schädel zu haben, oder? Schau mal, das da ... Sieht aus wie eine Machete.«

»Deshalb habe ich meinen Vater rufen lassen ...«

»Ich weiß nämlich, was das ist, Señorita.«

»Was sagen Sie, Balbino?«

»Ich weiß, was das ist, nun ja, ich weiß, wem sie gehörte, meine ich ... Sehen Sie doch mal nach, ob zwei Buchstaben darauf sind, ein O und ein S, unten an der Klinge, fast am Griff ... Sie stehen dort, nicht wahr? Es gibt nicht viele solcher Messer hier ... Es gehörte einem Onkel von mir, Orencio hieß er, Orencio Sanz, der älteste Sohn meines Großvaters ... Er war Steinmetz, arbeitete mit Granit, verstehen Sie? Davon gibt es hier viel, und zu jener Zeit, als ich noch ein junger Bursche war, verdiente man gut damit. Er war ein Roter, der Orencio, und er hat sich sehr verdient gemacht, zu sehr, würde ich sagen, er war sogar in Madrid, und es wurde erzählt, daß er dort im Klinikum war, mit Durruti, dem Anarchistenführer ... Diesen Dolch hatte er aus Afrika mitgebracht, während seines Wehrdienstes mußte er dorthin, und später ließ er seine Initialen eingravieren, deshalb hat Matías ihn wiedererkannt; ich habe ihm oft davon erzählt, einen wie diesen gibt es nicht zweimal. Seine Eltern glaubten immer, daß er in Madrid geblieben und tot wäre, denn es kam nie ein Brief mit der Mitteilung, daß er verhaftet worden sei, später wurde er aber von ein paar Leuten auf dem Cerro del Telégrafo gesehen, und denen hatte er erzählt, daß er sich in die Berge zurückgezogen hätte, zusammen mit anderen aus der gleichen Partei, die alle von hier waren, aus Cercedilla, Collado, Chozas, nun, aus der ganzen hiesigen Bergregion ...«

»Mit anderen Worten: Es stimmt also, daß sie bei dem Brand hier waren?«

»Ja, Señor, das stimmt wirklich. Natürlich waren sie da! Wer sollte denn sonst den Brand gelegt haben?«

»Und was weiß man darüber, Balbino?«

»Nun ... Nichts. Als wir ankamen, war das Feuer schon fast erloschen ...«

»Erzähl es ihnen, Vater. Wenn wir schon mal dabei sind!«

»Du sei still.«

»Vater, es kann doch nichts passieren.«

»Was weißt du denn schon? Ich erzähl, was ich will, ist das klar? Also gut ... Es war so, daß Orencio nicht in dem Feuer umkam ... In Wahrheit hat ihn ein anderer Milizangehöriger umgebracht, ein Mann aus Miraflores, der sich dafür rächen wollte, was Orencio seiner Tochter angetan hatte, einem Mädchen von Anfang Zwanzig, das ihm manchmal Essen auf den Berg gebracht hatte ... Offensichtlich hat sie Orencio gefallen, und er schäkerte mit ihr herum, halb im Spaß und halb ernst, Sie wissen schon ... Sie gewöhnte sich an, immer öfter hinaufzugehen, aber ihrem Vater gefiel das natürlich nicht, denn es war gefährlich. Eines Nachts schickte er die Guardia Civil hinterher, und am Ende des Pfades kam es zur Katastrophe: Acht Männer starben, auch der Bruder des Mädchens ... Ihr Vater verbreitete, daß Orencio ein Verräter sei, daß er seine Tochter umgarnt hätte, um durch sie die Guardia Civil anzulocken, daß er verantwortlich für den Tod seines Sohnes und der anderen sieben Männer sei, aber niemand ergriff seine Partei, und das Leben ging weiter. Bis eines Tages, am Morgen des Dreikönigstages, das Mädchen tot im Pfarrgarten am Flußufer aufgefunden wurde, mit zerrissenen Kleidern und blutverschmiert. Sie war vergewaltigt worden, bis sie starb. In jener Nacht ließ mir ihr Vater mitteilen, daß er mich sprechen wollte. Ich war noch sehr jung, aber ich war der Älteste der Familie. Ich erfuhr, daß Orencio sich schon drei Tage hier in diesem Haus versteckt hielt, mit einer Schußwunde am Arm. ›Meine Tochter kannte sonst niemanden in diesem Dorf‹, sagte der Mann zu mir, ›und es ist eine ziemliche Strecke von Miraflores hierher. Wenn sie nicht bei ihm war, mit wem war sie dann zusammen?‹ Er hatte in sehr kurzer Zeit zwei Kinder verloren, er war wie von Sinnen ... Er wollte sich absichern, daß ich keine Rechnungen mit seiner Familie zu begleichen hätte, wenn er seine Tochter rächen würde. Ich versuchte, mich in seine Situation hineinzuversetzen, ich fragte mich, wie es wäre, wenn einer meiner Töchter etwas Ähnliches passiert wäre ... Wir verabschiedeten uns friedlich, und er machte sich auf den Weg. Ein paar Männer konnte er von seinem Vorhaben überzeugen, aber die anderen, mit Victoriano an der Spitze, sagten nein, Orencio sei unschuldig, und sie begannen zu streiten ... Schließlich zogen sie in zwei Trupps los, der eine, um Orencio zu lynchen, der andere, um ihn zu retten. Ersterer steckte das Haus in Brand, um ihn zum Rauskommen zu zwingen, aber nicht mal dazu blieb ihm Zeit. Der Vater des Mädchens war ins Haus geschlichen und hatte ihn entdeckt, er kämpfte mit ihm, hieb ihm schließlich einen Pickel in die Stirn und tötete ihn. Als er zu fliehen versuchte, fiel ihm ein brennender Balken auf den Kopf, und er starb ebenfalls.

Victoriano, der ihm nachgegangen war, erzählte, er hätte ihn noch um Hilfe gebeten, aber er hätte es vorgezogen, seinen Freund Orencio zu rächen – Sie sehen schon, welch traurige Ehre ... Weiter gibt es nichts zu erzählen. Wenn es Ihnen nichts ausmacht, würde ich Orencio jetzt gerne mitnehmen und ihn anständig begraben.«

»Natürlich. Serafín, hol den Lieferwagen. Balbino wird die sterblichen Überreste mitnehmen.«

»Die Überreste nicht, Señorita. Nur den da. Den Mörder meines Onkels nehme ich nicht mit.«

»Hör mal, Matías, es tut mir leid. Ich wollte deinen Vater um nichts auf der Welt belästigen.«

»Lassen Sie nur, Frau Doktor.«

»Nach so vielen Jahren … Das kann doch nicht mehr so schlimm sein, oder?«

»Das ist es nicht, Frau Doktor, das nicht …«

»Nun, was dann?«

»Es geht um sie … das Mädchen … Sie war geistig zurückgeblieben. Nicht völlig geistig behindert, aber ein bißchen langsam, verstehen Sie?«

»Und?«

»Und außerdem hat Orencio sie nicht umgebracht. Sie kam hierher, um ihn zu suchen, aber er hat sie nicht mehr gesehen.«

»Und woher weißt du das?«

»Orencio hatte keine Armverletzung, Frau Doktor, sondern eine Verletzung am Bein. Eine Kugel hat ihm den ganzen Muskel zerfetzt, ganz nah an der Leiste. Mit solch einer Wunde kann man nicht mehr gehen.«

»Aber dein Vater …«

»Mein Vater wußte das nicht, Frau Doktor, niemand wußte das, bis Victoriano und die anderen viel später die Wahrheit erzählten. Der Vater des Mädchens hatte gelogen, er log in dieser Sache und in vielen anderen. Wissen Sie, am nächsten Morgen ging seine Witwe in einer grünen Bluse zur Kirche. Sie sagte, sie hätte das Trauerkleid abgelegt, weil ihre Tochter jetzt in Frieden ruhe und der Mörder tot sei. ›Aber du solltest wegen deines Mannes Trauerkleidung tragen‹, sagten sie zu ihr. Und sie antwortete, sie hätte sie wegen ihres Mannes abgelegt.«

»Unglaublich.«

»Nun ja, aber das erzählte die Frau, und die Nachbarinnen tuschelten, daß er das Mächen nicht zum erstenmal mißbraucht habe … Aber sagen Sie meinem Vater nicht, daß ich es Ihnen erzählt habe, ich bitte Sie darum. Seit damals kann er nicht mehr richtig schlafen, und heute hat er seine letzte Gelegenheit vertan … Er hat nicht reden wollen. Er wird die Überzeugung, daß er an Orencios Tod schuld ist, mit ins Grab nehmen.«

Danach war Gregoria unerträglich. Sie gab damit an, alles zu wissen, und die Frau Doktor wirkte in ihrer Gutmütigkeit wie ein Dummkopf. Seit ich hier bin, hat sie Gregoria schon ein halbes dutzendmal hinausgeworfen, um es danach immer zu bereuen … Orencio hieß er, erzählte mir Gregoria, und daß er ein Vergewaltiger und ein Mörder gewesen sei. Und da bin ich ins Fettnäpfchen getreten, aber so richtig, denn ich war sehr aufgeregt, und mir entschlüpfte ein Nein, er könne kein Vergewaltiger gewesen sein, auf gar keinen Fall. Gregoria sah mich merkwürdig an, aber dann – sie wird denken, auch ich sei verrückt – verzog sie sich und ließ uns in Ruhe, ohne noch etwas zu Migue zu sagen. Zum Glück hat die nichts mitbekommen … Aber wenn das wahr ist: Wie kann solch ein Mensch kriminell sein, bei dessen Anblick, kaum daß sie ihn in der Tür erscheinen sieht, sich Migues Gesicht verändert? Wie kann er jemand umgebracht haben, wenn er von aller Welt – er hatte doch auch mich zur Hand (es ist ja kaum zu glauben, wie ich noch aussehe, sagt mir der Herr Doktor immer, wenn er mich sieht) – ausgerechnet die bedauernswerte Migue wählt, die außer mongoloid auch noch fast vierzig ist? Das kann nicht sein, nein, das ist unmöglich. Und außerdem, dachte ich später, wenn er Miguela ebenso hätte vergewaltigen wollen, er hatte doch nicht mal Fleisch im Gesicht, wie sollte er dann dort welches haben?

Es ist nämlich so, daß er seit dem Tag, als sie ihn im Garten ausgruben, nicht mehr erschienen ist, er kehrte nicht mehr zurück, und Miguela ist wie tot, wirklich wie eine Tote, sie will nicht essen, nicht schlafen, nicht rausgehen. Mit dem Spiegel in der Hand schaut sie den ganzen Tag aus dem Fenster. Wir haben alles versucht, um sie abzulenken, aber nichts, ihr gefallen nicht einmal mehr die Zeichentrickfilme im Fernsehen, über die sie zuvor so lachen konnte. Ich habe ihr sogar einmal den Stern vom Hals gerissen, die Frau Doktor bat mich darum, ihn ihr wegzunehmen, um zu sehen, was passieren würde, aber sie protestierte nicht einmal ... Da fiel mir ein, ihn herbeizurufen, jetzt kannte ich ja seinen Namen, ich rief immer: Orencio, wo bist du? Orencio, komm zurück. Ich lief durch das ganze Haus und rief ihn, fand ihn aber nicht, und mit Migue wurde es immer schlimmer. Sie sagten, sie sei jähzornig, instabil und gewalttätig geworden, sie bekam Anfälle, schrie und begann plötzlich, alles zu zerschlagen, und danach war es, als würde sie erneut sterben, still und einsam, einsam im Herzen. Niemand konnte sich erklären, was mit ihr los war, aber ich schon, ich wußte, daß sie sich im Spiegel betrachtete und das Kristall sie so zeigte, wie sie eben aussah. Sie berührte ihre hängenden Lider, sie betrachtete sich im Spiegel, und da hingen sie auch, und das konnte sie nicht ertragen, denn sie wollte hübsch sein, sie wollte wieder ihr anderes Lachen hören, ihr anderes Gesicht streicheln, ihre runden Augen, aber es war unmöglich, weil er nicht mehr da war, um sie anzusehen ... Ich weiß nicht, warum ich nicht damit gerechnet habe, warum ich nicht vorausgesehen habe, was geschehen würde, denn es war meine Schuld, ganz allein meine. Ich war den ganzen Morgen mit ihr zusammengewesen, ich hatte gesehen, wie sie sich im Spiegel betrachtete und es ihr immer schlechter ging, sie trauriger und wütender wurde, hatte sie den Spiegel zu Boden schleudern sehen, aber ich tat nichts, ich schrie sie nicht mal an, ich schimpfte nicht mit ihr, und dann war es zu spät.

Ich sah sie die größte Scherbe nehmen und mit ihren Augen einer Irren die Kante betrachten, und ich tat nichts. Sie fuhr mit dem Finger über die Kante und verletzte sich, aber ich war unfähig, sie daran zu hindern, und als ich es wollte, war es schon zu spät. Als ich endlich rennen konnte, hatte sie sich mit diesem verfluchten Spiegel schon die Lider aufgeschnitten, hatte sie schon zwei rote Schnitte auf den Wangen, wie jene, die sich die Clowns malen, und die Augen aufgeschlitzt, aufgeschlitzt, aber nicht rund …

»Wie geht es, wie geht es Miguela, Frau Doktor?«

»Insgesamt ganz gut. Aber sie hat ihre Sehkraft verloren … auf beiden Augen.«

»Blind? Oh, mein Gott, mein Gott! Und das ist alles meine Schuld, meine Schuld, ich bin zu nichts nütze, verflucht soll ich sein, alles, was mit mir in Berührung kommt, geht kaputt …«

»Queti, hör auf damit. Das ist niemandes Schuld.«

»Doch, es ist meine Schuld, alle meine Kinder sterben, wie Rafa, der mich um Geld gebeten hatte, und ich habe es ihm gegeben, ich habe es ihm heimlich gegeben, und es hat ihn umgebracht, verstehen Sie? Ich habe ihn getötet, mit meinem Geld.«

»Sag nicht so was, Queti. Schau, der Herr Doktor hat dir einen Lindenblütentee gebracht. Komm, trink das.«

»Ich will nicht.«

»Doch, du willst, und du wirst ihn trinken. Schau, Queti, niemand weiß, was Miguela durch den Kopf ging, als sie sich mit dem Spiegel verletzte, ich weiß es nicht, du weißt es nicht, niemand weiß es, verstehst du? Und jetzt mußt du ihr zeigen, daß du sie liebst, jetzt müssen wir alle ihr helfen, wir müssen sie füttern, sie an- und ausziehen, sie trösten und unterhalten, denn mit ihrer Behinderung und in ihrem Alter kann man ihr nichts mehr beibringen wie anderen Blinden, sie würde es nie lernen …«

Damit hatte sie recht, die Frau Doktor. Vollkommen recht hatte sie, denn Miguela lernte nichts, sie hatte keine Lust, etwas zu lernen; es war, wie eine Pflanze zu gießen: Ich zog sie an, gab ihr das Frühstück, nahm sie zu einem Spaziergang mit; alles war ihr egal, ob Fisch oder Fleisch, ob ich sie wusch oder nicht, leben oder sterben. Und Orencio ließ sich nicht blicken! Das machte mich am wütendsten, daß der Typ sich nicht blicken ließ, nicht ein Zipfelchen. Anfangs hatte ich noch Hoffnung, wenn er vorher dazu fähig gewesen war, sie normal werden zu lassen, dachte ich, könnte er ihr jetzt das mit den Augen richten, das wäre doch das Mindeste, nicht wahr? Denn ich war sicher, daß sie sich die Lider zerschnitten hatte, um zu sehen, ob sie wieder geschmeidig und glatt würden, wie ein Stoff, das dürfte sie gedacht haben, wenn meine Lider nachgeben, werden meine Augen größer, und wenn ich wieder große Augen habe, wird er zurückkommen, das wird Migue gedacht haben, mit dem bißchen Verstand, das sie hatte. Aber alle Männer sind gleich, das ist sicher, alle gleich, oder etwa nicht? Und außerdem sehen die Dinge von vorne betrachtet anders aus als von hinten, und die Wunder, die es nicht gibt, nun, ich sage ja nicht, daß man sie nicht einfach so geschehen lassen kann, wie man gerade Lust hat … Es ist nur so, daß sich mir das Herz zusammenzog, wenn ich sie nur ansah, jedes Mal etwas dünner, mit dieser schwarzen Plastikbrille, die sie ihr aufgesetzt hatten; sie sah aus, als würde sie jeden Nachmittag die Zwanziger-Lotterie verkaufen, die Arme. Das war nicht gerecht, verflixt, einfach nicht gerecht. Orencio war ein Scheißkerl, warum hatte er sie so verhätschelt, so viele Küsse und so viel Getue, wo es ihr als Mongoloide gar nicht schlechtging, war sie doch ihr ganzes

Leben lang so gewesen, kannte gar nichts anderes, die arme Migue. Und sie dann einfach zu verlassen! Wofür sollte das alles gut gewesen sein? Orencio hat sie in sich verliebt gemacht, so ist es doch, er ist ein Scheißkerl, wie alle andern, ob tot oder lebendig. So dachte ich, obwohl ich ihn vorher doch so sehr mochte, ich habe ihm sogar all seinen Schmutz verziehen. Aber vielleicht konnte er auch nicht mehr kommen, er ist ja nicht mehr in unserem Garten begraben ... Nun, ich wußte schon nicht mehr, was ich denken sollte, als Gregoria ankündigte, daß wir auf das Volksfest im Dorf gehen würden. Ich sagte, ich würde Migue mitnehmen, und ich nahm sie mit. Also wirklich, warum war ich bloß so hartnäckig an jenem Nachmittag, denn sie hatte überhaupt keine Lust dazu, aber ich blieb hartnäckig, das kann ich gut, hartnäckig sein ... Die Luft war merkwürdig an jenem Nachmittag. Schon beim Rausgehen bemerkte ich es, ich hatte noch nie etwas Ähnliches erlebt, und Migue nahm es auch wahr, sie wurde noch starrsinniger. Der Spaziergang ging gut, sie hielt Schritt mit mir, sie beklagte sich nicht, nicht im geringsten, und ich dachte mir schon, daß dieser Scheißkerl irgendwo in der Nähe war, denn mitten auf dem Berg faßte sie sich plötzlich an den Stern und spielte mit ihm wie früher. Wir kamen an der Kirche vorbei, es begann nach Schmalzgebäck zu riechen, Musik erklang, und in dem Moment sah ich aus dem Augenwinkel einen roten Fleck, anfangs war es nur ein Fleck, und ich wollte nicht hinschauen, obwohl Migue mich immer heftiger am Ärmel zog, bis ich mich umdrehte und ihn sah, Orencio natürlich, wen denn sonst? Mit einer Fahne in der Hand und zwei oder drei weiteren Lumpen am Körper stand er an der Friedhofsmauer. Miguela sah ihn auch und begann zu schreien, sie schrie so, wie sie es immer tat, wenn sie glücklich war, und sie hüpfte wie besessen auf dem Gehweg auf und ab, blind und alles, einfach unglaublich, ich kann mir nicht erklären, wie Migue ihn mit ihren blinden Augen sehen konnte. »Was ist mit Miguela los?« fragte Doktor Salgado. »Aber sehen Sie denn nichts?« antwortete ich überrascht, und er sah mich merkwürdig an. Da begriff ich, daß nur Miguela und ich Orencio sehen konnten, und ich sagte zum Doktor, ob er denn nicht sehe, daß sie einfach nur glücklich sei, weiter nichts. Es war mir sehr peinlich, denn es war eine ziemlich heikle Situation, und schließlich bat ich den Doktor, mit den anderen schon vorzugehen. Erst, als sie ein paar Schritte entfernt waren, wagte ich, Orencio direkt anzusehen, ich sah ihm in die Augen, und es war, als wollte er mir etwas sagen, wirklich, er bewegte seine Lippen zwar nicht, trotzdem spürte ich, daß er mit mir sprach, aber ich konnte nicht antworten. Ich hatte ohnehin beschlossen, nein zu sagen, als er mich erneut anflehte. Ich sah Miguela an, sie war fröhlich, so fröhlich, wie ich sie nie zuvor gesehen hatte, und da dachte ich, vielleicht hat er ja recht, denn mongoloid und blind und so traurig zu sein ... Nun, wenn jemand etwas will, kostet ihn das auch etwas, dachte ich, und in dem Augenblick schlossen wir einen Vertrag, nun ja, ich jedenfalls dachte immer, wir hätten einen Vertrag geschlossen, obwohl er weder nickte noch sonstwas tat. Um Mut zu schöpfen, sah ich wieder Migue an und hörte ihr Frau-von-Welt-Lachen, und als der Lastwagen in der Ferne auftauchte, küßte ich sie zum Abschied auf die Stirn. Die weiße Masse kam immer schneller auf uns zu, ich zögerte nur einen Moment, Orencio hob die Fahne, und dann schubste ich sie. Ich hätte nicht geglaubt, daß ich das könnte, aber es fiel mir nicht schwer, du siehst ja, die sechzehn Räder überrollten sie, noch bevor sie es merkte. Laut der Ärztin war sie sofort tot ...

»Rosa, Rosa!«

»Was sagst du? Sprich lauter, ich verstehe dich nicht.«

»Sag Gregoria, daß sie die anderen wegbringen soll, daß sie alle nach Hause gehen sollen, jetzt sofort! Und gib mir dein Jackett, ich will Miguelas Gesicht zudecken.«

»Fernando, du darfst die Leiche nicht anfassen. Die Guardia Civil muß kommen und dann der Richter und ...«

»Hör auf mich, Rosa, bitte.«

»Na gut. Gregoria, bringen Sie alle sofort nach Hause. Queti, du auch. – Also was ist?«

»Du wirst es nicht glauben.«

»Was werde ich nicht glauben?«

»Sieh sie dir genau an, Rosa, schau ihr Gesicht an, die Augen ...«

»Fernando, bitte, was ist denn?«

»Diese Frau ist nicht Miguela.«

»Was sagst du da? Natürlich ist das Miguela! Sie ist nur gerade von einem Lastwagen überfahren worden.«

»Nein. Das ist zwar passiert, aber das ist nicht mehr sie, schau mal, man sieht noch die Form der Augen, den Mund ...«

»Aber sie hat doch gar kein Gesicht mehr!«

»Natürlich hat sie das, das ist ja das Merkwürdige, ihr Gesicht. Es ist das Gesicht, das Miguela gehabt hätte, wäre sie nicht mit dem Down-Syndrom geboren ...«

»Du bist verrückt geworden, Fernando. Temporäre Wahnvorstellungen. Du weißt ja, es wird behauptet, das passiert allen Psychiatern früher oder später ...«

Das war nicht Miguela, natürlich nicht – nun ja, sie war es schon, aber eine andere, die Frau im Spiegel, und sie wird nie mehr hängende Lider haben, nie wieder, mir ging es richtig gut, als sie mir das erzählten, denn klar, für Orencio war es einfach gewesen, zu sagen: Töte sie, um sie zu retten, hörst du, gib sie mir, und ich werde für sie sorgen. Er ist ja schon etliche Jahre tot, aber geschubst habe ich sie, mit diesen Händen, in Wahrheit habe ich sie getötet, auch wenn ich es nicht bedaure und es noch tausendmal tun würde, mir selbst würde ich es antun, wenn ich wüßte, daß es mir nützen würde ... Anfangs bereute ich es und alles, aber dann erfuhr ich von Gregoria, daß man ihr die Augen nicht schließen konnte; die Frau Doktor sagte etwas von einem eingeklemmten Nerv, und sie mußte so begraben werden, wie sie gerne gewesen wäre, so hübsch, wie sie von jetzt an immer sein würde. Hübsch, hübsche Migue, ich erinnere mich noch, wie es ihr gefallen hat, sich im Spiegel zu betrachten und sich darin so anders zu sehen. .. Ich vermisse sie, das ja, ich vermisse sie noch nach so langer Zeit, du hast mich allein gelassen, Verräterin, letzten Endes hast auch du mich verlassen, das habe ich ihr schon gesagt, als sie mich das erste Mal besuchen kam. Sie lächelte. Immer beklagst du dich, Queti, sagte sie zu mir; sie schimpft jetzt mit mir, das Weib, unglaublich, wie sie sich verändert hat ... Natürlich ist Migue auch egoistisch geworden, so egoistisch, wie es alle werden, die Glück hatten und sich weder an schlechte Zeiten noch an die Freunde erinnern, die sie zurückgelassen haben, so ist das eben ... Aber mal sehen, was aus dem Vertrag wird, den ich mit Orencio geschlossen habe, mal sehen, was jetzt damit geschieht, habe ich es mir doch gut und äußerst sorgfältig überlegt, damit er mich versteht mit seinem Verstand, so wie ich ihn mit dem meinen verstanden habe, klar und deutlich habe ich es ihm gesagt. Als ich sie das letztemal sah, habe ich es ihr noch mal gesagt, sie solle ihren Verehrer daran erinnern, daß ein Vertrag ein Vertrag sei, daß ich die Nase voll hätte von allen, von soviel Lachen, soviel Liebe und dem ganzen Zeug, und wenn sie mir das nächste Mal nicht meinen Sohn mitbringen würde, bräuchte sie nicht mehr wiederzukommen, genauso habe ich es ihr gesagt ... Ich will doch nur Rafa sehen, ihn wiedersehen, auch wenn er durchsichtig wäre, auch wenn er weiterspritzte, auch wenn er nicht mit mir spräche, auch wenn er mich nicht sähe, ich will ihn sehen, das ist das einzige, was ich will, ihn für einen Augenblick wiedersehen. Du Verräterin, du bringst ihn nicht mit, und das, obwohl du es kannst, nach all dem, was ich für dich getan habe; ich war es doch, die dich umbrachte, die dir mehr Leben geschenkt hat als deine eigene Mutter ... Weißt du was? Wenn du ihn mir nicht mitbringst, brauchst du nicht wiederzukommen ... Das habe ich zu ihr gesagt, und sie ist nicht wiedergekommen. Eigentlich habe ich es anfangs nicht verstanden, Migue war immer so gut, wie kann sie mir plötzlich solch einen blöden Anfall nicht verzeihen? Es ist ja so, daß ich langsam alt werde und manches vergesse, aber jetzt, jetzt ist es mir zum Glück wieder eingefallen. Denn ... wie sollen sie mir meinen Jungen herbringen, wenn Rafa doch gar nicht tot ist? Natürlich, ich bin ein Dummkopf, er ist gar nicht tot, ach was, er ist doch in Vitoria, bei den anderen, und wartet auf mich, unglaublich, wie schlecht die Sozialversicherung funktioniert, die lange Zeit, die ich hier schon verbringe und darauf warte, daß ich an die Reihe komme mit meiner Blinddarmoperation ... Er wollte kommen, mein Junge, aber ich habe es ihm ausgeredet, auf keinen Fall, er soll jetzt keine Unterrichtsstunde versäumen, wo er in der Schule so gut ist. Deshalb hat Migue ihn nicht hergebracht, weil er lebt, und wenn ich sie das nächste Mal treffe, sage ich ihr, sie soll mich ihn nur einen klitzekleinen Augenblick sehen lassen. Ich würde es ihr gleichermaßen danken, genauso, absolut genauso, als wäre er schon tot ...

Nachwort

Erinnerungen eines Zigeunermädchens

Die ersten zehn Jahre meiner Kindheit verbrachte ich in einer nicht sehr hellen Wohnung mit einem riesigen Korridor im zweiten Stock eines ziemlich gewöhnlichen Gebäudes – ein roter Klecks aus Zierstein mit weißen Simsen, die einen vorspringenden Stuckbogen über jeden Balkon zeichneten –, ein typisches Beispiel der Baukunst, die im vergangenen Jahrhundert dem Viertel in Madrid, in dem die meisten Episoden meines Lebens und meiner Bücher stattfanden, seinen Charakter, ja Individualität verlieh. Die kurze, enge Churruca-Straße beginnt am Plaza de Barceló und endet fast unmerklich in der Sagasta-Straße neben dem Plaza Bilbao, der für mich immer das wirkliche Stadtzentrum gewesen ist und bleiben wird. Fast an der Ecke zur Apodoca-Straße verweist an der dunklen Fassade eines anderen gewöhnlichen Hauses ein kleines Schild – ausgesprochen unauffällig für den Blick eines Vorübergehenden, der es nicht sucht – auf den letzten Wohnsitz des Dichters Manuel Machado.

»Er war genausogut wie sein Bruder ...« sagte mein Vater jeden Sonntag auf dem Weg zum Haus meines Großvaters in der Fuencarral-Straße, kurz bevor wir um die Ecke bogen.

Mein Vater ist Dichter, und sein Vater war es auch, deshalb begann ich schon bald, auf die Straßenschilder zu achten und Gedichte auswendig zu lernen, aber der Grund, der sich hinter dem obligatorischen Sonntagsbesuch verbarg, ein Besuch zur unumstößlich gleichen Zeit, war eher prosaisch. Vater und Sohn setzten sich vor den Fernseher, um zusammen das Fußballspiel zu sehen, das jede Woche im ersten Programm übertragen wurde, ohne besonders auf die Qualität der sich gegenüberstehenden Mannschaften, ihre Klassifizierung oder sonstige Einzelheiten zu achten. Sie sahen sich bloß ein Fußballspiel an. Und alle anderen mußten still sein.

Das Haus meines Großvaters – so typisch in der Landschaft meines Wohnviertels wie das meiner Eltern, aber besser, größer, herrschaftlicher – hätte mit der Szenerie vieler Madrid-Romane von Galdós verwechselt werden können. Zur Straße hin mündeten die geräumigen Zimmer mit sehr hohen Decken nicht etwa in einen Flur, sondern sie gingen eines ins andere über – blinde Höhlen, die man so elegant »Kabinette« nennt –, so daß es sehr schwierig war, einheitliches Schweigen zu gebieten. Um das zu erreichen, verbannten die Frauen meiner Familie, die sonntags an einem Tischchen saßen und flüsternd tratschten, uns Kinder ins Eßzimmer und nötigten uns, den Mund zu halten und uns mit Papier und Buntstiften zu beschäftigen. So begann meine literarische Karriere.

Wenn ich heute das Gefühl habe, einige der Kunstgriffe dieses Geschäfts zu beherrschen, dann würde ich behaupten, daß mich der Fußball zur Schriftstellerin gemacht hat, aber es ist wohl korrekter – aufrichtiger –, einzuräumen, daß ich mit dem Schreiben anfing, weil ich nie zeichnen konnte. Mein Bruder Manuel malte Häuser und Zäune, Schornsteine und Tiere, Wolken und Vögel, reitende Jungen und Mädchen. Ich versuchte es ihm nachzumachen, aber es gelangen mir nur formlose Silhouetten von etwas, das vage einer Kuh mit Höckern auf vier Tischbeinen ohne Platte ähnelte. Ich langweilte mich. Und ich verhielt mich so widerwärtig wie jedes Kind, wenn es sich langweilt. Bis mir eines Nachmittags jemand – meine Mutter, meine Großmutter, meine Tante Charo, ich erinnere mich nicht mehr genau – einen Vorschlag machte, der entscheidend sein sollte. Von da an nutzte ich die neunzig Minuten des sonntäglichen Spiels zum Schreiben *des Märchens*. Denn ich hatte nur eine Geschichte zu erzählen, ich schrieb immer dasselbe Märchen.

Meine Familie hat einige Versionen dieser Geschichte aufbewahrt, die immer in der dritten Person geschrieben war, obwohl sie mehr von mir erzählte als jeder andere Text, den ich später geschrieben habe. Der Inhalt läßt sich in einem halben Dutzend Sätzen zusammenfassen. Ein bürgerliches Mädchen – das war ein wichtiges Detail –, geboren in einem richtigen Haus – einem Haus »mit Dach und Wänden« schrieb ich damals –, wird als Baby von ihrem Kindermädchen im Kinderwagen spazierengeführt und unerklärlicherweise im Park zurückgelassen. Ein Wanderzirkus erbarmt sich des verlassenen Babys, und eine junge Zigeunerin zieht es zusammen mit ihren anderen Kindern groß. Die Jahre vergehen, und das Mädchen wächst im Zirkus auf, ohne seine wahre Herkunft zu ahnen, bis es zehn oder zwölf Jahre später, bei der Rückkehr in dieselbe Stadt, wieder unerklärlicherweise und im selben Park wie damals verlorengeht und eine sehr gute, sehr reiche und sehr teilnahmsvolle Frau – die selbstverständlich ihre wirkliche Mutter ist – sich ihrer wiederum erbarmt, sie mit nach Hause nimmt und wie eine eigene Tochter aufzieht. Von diesem Augenblick an leidet die Protagonistin meines Märchens darunter, zu hören, daß sie nicht die Tochter ihrer Mutter sei, sondern daß diese sie aus Barmherzigkeit von Zigeunern übernommen hat. Sie wird von ihren Geschwistern verachtet und sogar von den Angestellten verspottet. Aber wahre Liebe kann die Augen öffnen, und so begreift die Mutter eines Morgens, als sie das Zigeunermädchen mit zärtlichem Blick ansieht, daß sie keine andere als ihre eigene Tochter ist, vor vielen Jahren so schmerzlich verloren und jetzt wiedergefunden. Diese Enthüllung beschleunigt die Geschichte und führt zu einem ebenso glücklichen wie abrupten Ende. Die Protagonistin verabschiedet sich von der Leserin, indem sie kreuz und quer und in Richtung jedes einzelnen Familienmitglieds das Ihr-könnt-michmal-Zeichen macht.

In den naiven Windungen vom Verschwinden und Wiederauftauchen ist der Grund für meine eigene Reise zum Schreiben zu suchen. Von all den Bildern, die ich aus meiner Kindheit bewahre, bewegt mich keines so sehr wie der Fleiß dieses dicken und sehr dunkelhäutigen, zu dunkelhäutigen Mädchens, das neun, zehn, elf Jahre in der Angst, tatsächlich aus Erbarmen von Zigeunern aufgenommen worden zu sein, lebt, während es sich am großen Eßtisch schweigend, ruhig und einsam mit der Aufgabe herumplagt, mit der Welt abzurechnen. Das erste, was ich schrieb, war ein Märchen, und es war die Leidenschaft – zwischen Angst und Zweifeln, Gerechtigkeit und Liebe –, die meine Hand führte. Denn ich wollte weder die Klassenbeste sein noch die Bewunderung meiner Familie erheischen, suchte weder Lob noch Vorteile, noch Belohnung. Ich sehnte mich nur danach, wirklich die Tochter meiner Mutter zu sein, nachts ruhig schlafen zu können und ein für allemal die Welt und auch mein Schicksal in Ordnung zu bringen. Seit damals schreibe ich, um zu leben, und die Leidenschaft führt noch immer meine Hand – häufig weiter, als mir lieb ist –, aber in all diesen Jahren habe ich kaum mehr als ein Dutzend Erzählungen zuwege gebracht.

Dieses Buch enthält sieben Erzählungen, die ich aus unterschiedlichen Anlässen zwischen 1989 und 1995 geschrieben habe, annähernd dieselbe Zeitspanne, die ich brauchte, um zu begreifen, daß ich eine Romanschriftstellerin bin. Tatsächlich sind zwei der hier vorliegenden Erzählungen –

»Blinde Augen« und »Die gute Tochter« – ihrer Länge nach fast Kurzromane. Gewiß, ich schreibe gerne Erzählungen, aber wenn ich so richtig in Fahrt komme, stelle ich fest, daß der Rahmen von fünf oder sechs Seiten schon überschritten ist, und immer beende ich sie dann mit einer gewissen Traurigkeit, wie einem diffusen Bedauern darüber, daß ich nicht mehr in ihnen leben kann.

Obwohl diese Erzählungen nicht in der ausdrücklichen Absicht verfaßt und geschrieben wurden, als Buch zu erscheinen, glaube ich, daß sie auf die eine oder andere Weise eng mit den Themen und Konflikten verknüpft sind, die mich zu meinen vorangegangenen Büchern inspirierten, und ich vertraue darauf, daß dies ihnen Einheitlichkeit verleiht. Ein möglichst vielseitiges literarisches Universum zu erobern war nie mein Bestreben. Im Gegenteil, ich ziehe es vor, in einer kleinen, persönlichen Welt zu verweilen, deren Grenzen mit den Grenzlinien meiner Erinnerung übereinstimmen, und meinen Blick auf die Nischen zu richten, die mir zwar bekannt sind, die mich aber immer wieder zu überraschen vermögen. So verändert und bestimmt der Blick des Geliebten sowohl in »Blinde Augen« (1989) als auch in »Balkongespräch« (1994), in gewisser Weise auch in »Zwei Frauen« (1995) und »Malena, ein Leben auf Sparflamme« (1990), das Bild, das das geliebte Wesen von sich selbst hat, ein Thema, das in *Lulú* vorherrscht und auch in meinen anderen Romanen wiederauftaucht. Die Ur-Malena erleidet den schmerzlichen Verlust einer endgültigen Jugendliebe in mehr oder weniger demselben Alter wie die Protagonistin Malena im gleichnamigen Roman, und wie letztere erfährt auch die Erzählerin in »Barbara und der Tod« (1991) eine grundlegende Wahrheit aus dem Mund des Großvaters, der für sie alle Männer, die ihr Leben bevölkern werden, verkörpert. Die Gemeinsamkeiten von »Balkongeflüster« mit *Ich werde dich Freitag nennen* wiederum bestehen in meinem Wohnviertel und seiner Atmosphäre.

»Mutterliebe« (1994) ist eine Erzählung ganz untypischen Ursprungs. Sie ergab sich im Dezember 1993 bei einem Mittagessen in einem Bierlokal in der Wiener Innenstadt. Nachdem ein Tischgast die Aufmerksamkeit der anderen – unter ihnen Luis Mateo Díez, José María Merino, Clara Sánchez, Eloy Tizón und unser österreichischer Gastgeber Georg Pichler – auf einen mit einem pittoresken Foto bedruckten Bierdeckel gelenkt hatte, ermunterte uns Encarna Castejón, die Herausgeberin der Literaturzeitschrift *El Urogallo,* einen kurzen Text über dieses Bild zu schreiben, den sie später neben der Abbildung des Bierdeckels in ihrer Zeitschrift veröffentlichen wollte. Was mich anbelangt, war das Resultat die Kuriosität »Mutterliebe», die eng mit dem verknüpft ist, was in »Die gute Tochter« (1995) in völlig anderem Tonfall erzählt wird. Die herbe Gleichgültigkeit, die sich zwischen Mutter und Tochter entwickeln kann – bereits in *Lulú* angedeutet –, zieht sich als roter Faden durch *Malena.* In »Die gute Tochter« ebenso wie in der Erzählung »Zwei Frauen« verfeinden sich zwei gegensätzliche, miteinander rivalisierende Frauen.

Da es in der Welt der Literatur ein Prinzip der sexuellen Diskriminierung gibt, das Schriftstellerinnen zwingt, sich andauernd über das Geschlecht ihrer Romanfiguren zu äußern, während sich Schriftsteller privilegiert und beneidenswert frei von diesem Zwang wissen, möchte ich hier nachdrücklich erklären, daß meiner Überzeugung nach die Gattung Frauenliteratur nicht existiert – genausowenig wie eine Literatur von Madrider Schriftstellern, eine Literatur von hochgewachsenen Schriftstellern oder eine Literatur von schwarzhaarigen Schriftstellern, obwohl eine große, dunkelhaarige Madriderin zu einer ganz anderen Weltsicht gelangen kann, als sie zum Beispiel eine kleine blonde Sevillanerin entwerfen würde. Genau deshalb sind alle Protagonisten dieser Erzählungen weiblich.

Die Tendenz eines Großteils von Schriftstellerinnen, sich in einer Art vermeintlich angeborener *Minderwertigkeit* häuslich niederzulassen – minderes Geschlecht, mindere Argumente, Personen von minderem Rang, mindere Ambitionen –, kann ich nicht akzeptieren, ebensowenig wie den Vorsatz gewisser Schriftstellerinnen, »die größte Literatur aller Zeiten« zu schreiben – die Anführungszeichen stehen für die Unsinnigkeit eines solchen Vorhabens. Noch betrüblicher ist, daß manche Autorinnen systematisch einen männlichen Protagonisten wählen, als ob das Geschlecht der Figur die Allgemeingültigkeit des Werkes sichern könnte, wenn die Autorin eine Frau ist, oder als wäre das Schreiben aus einem weiblichen Blickwinkel an sich schon suspekt. Meiner Meinung nach liefert genau diese Haltung die Rechtfertigung für eine Trennung der Literatur in zwei Geschlechter, nicht in eine männliche und eine weibliche – was letzten Endes eine Lappalie wäre –, sondern eine Trennung in Literatur und weibliche Literatur.

Ich glaube, daß letztendlich die Leserschaft die Anführungszeichen setzt. Ich meinerseits bemühe mich, meiner Erinnerung getreu zu schreiben, die mein Geschlecht ebenso berücksichtigt wie meine Kindheitsängste, meine Abneigung gegen Rosenkohl und eine Vielzahl anderer Dinge mehr. Und nur schwer kann ich mir die Portion Ängstlichkeit in meinem zweiten Roman verzeihen – in dem ich mit Absicht einen männlichen Blickwinkel wählte, um zu demonstrieren, daß meine literarische Berufung unerschütterlich ist –, wenn ich mich an den ungeheuren Kraftaufwand erinnere, den mich das Schreiben dieses Buches kostete. Sollte ich wieder einmal entscheiden, mit einer männlichen Stimme zu schreiben, hätte ich bestimmt bessere Gründe dafür.

Vielleicht vergeht viel Zeit, bis ich einen zweiten Erzählband veröffentliche. Dieser hier begleicht meine Rechnung mit einem an seiner Herkunft zweifelnden kleinen Mädchen, das sich jetzt nicht mehr allein an einem großen Eßtisch abmüht und nicht ahnt, daß es niemals damit aufhören wird, mit der Welt abzurechnen.

Inhalt